ELENA FANAILOVA THE RUSSIAN VERSION

ELENA FANAILOVA THE RUSSIAN VERSION

TRANSLATED BY
Genya Turovskaya & Stephanie Sandler

INTRODUCTION BY
Aleksandr Skidan

UGLY DUCKLING PRESSE
EASTERN EUROPEAN POETS SERIES #18

THE RUSSIAN VERSION
© ELENA FANAILOVA 2009, 2019
INTRODUCTION © ALEKSANDR SKIDAN 2009, 2019
TRANSLATIONS © GENYA TUROVSKAYA & STEPHANIE SANDLER 2009, 2019

EASTERN EUROPEAN POETS SERIES #18

FIRST EDITION, 2009
SECOND EDITION, 2019

PRINTED IN THE USA
DESIGN: DON'T LOOK NOW!

ISBN 978-1-946433-16-9

DISTRIBUTED TO THE TRADE
IN THE USA BY SMALL PRESS DISTRIBUTION | SPDBOOKS.ORG
IN THE UK BY INPRESS | INPRESSBOOKS.CO.UK
IN CANADA (VIA COACH HOUSE BOOKS) BY RAINCOAST BOOKS | RAINCOAST.COM

STEPHANIE SANDLER'S TRANSLATION OF "LENA AND LENA" FIRST APPEARED IN *JACKET2*

THIS BOOK WAS MADE POSSIBLE IN PART BY A GENEROUS GRANT FROM CEC ARTSLINK;
BY THE NATIONAL ENDOWMENT FOR THE ARTS; AND BY CONTINUED SUPPORT FROM
THE NEW YORK STATE COUNCIL ON THE ARTS, A STATE AGENCY

UGLY DUCKLING PRESSE
THE OLD AMERICAN CAN FACTORY
232 THIRD STREET #E-303
BROOKLYN, NEW YORK 11215

<UGLYDUCKLINGPRESSE.ORG>

TABLE OF CONTENTS

INTRODUCTION: **STORY OF A WOMAN SOLDIER**
BY ALEKSANDR SKIDAN <XI>

FROM **THE RUSSIAN ALBUM**

"ALREADY YESTERDAY NOVEMBER WAS ARRIVING" <5>

OLD NEW YEAR <7>

"I WANT TO LIVE LIKE A SNAIL, WRAPPED IN GAUZE" <9>

"I AM A HALF-WIT. YOU ARE SHARP-WITTED" <11>

"IT'S TERRIBLE TO POSSESS BRITTLE THINGS" <13>

(SHADES IN PARADISE) <15>

FRIDA'S ALBUM <17>

FROM CHINESE TORTURES <21>
  "DO YOU REMEMBER HOW YOU WEPT"
  ANGEL GUARDIAN
  "BETTER THIS WAY…"

FROM **WITH PARTICULAR CYNICISM**

FROM THE LETTERS OF ATD <31>

LAND OF THE DEAD <35>

FROM **TRANSYLVANIA CALLING**

   FROM **SURVEY OF LITERATURE** <43>
     (WATERCOLOR OF A MATADOR)
     (THE ITALICS ARE MINE)

   FROM **TRANSYLVANIA CALLING** <49>
     (FREUD AND KORCZAK)
     "…AGAIN THEY'RE OFF FOR THEIR AFGHANISTAN"
     (IN MEMORY OF GRANDDAD)

   FROM **SILVER FILM** <65>
     "WORKERS ARE LAYING ASPHALT"
     "THE MYTH OF TWINS. THE GUILD OF BLACKSMITHS"
     "KAFKA TO MILENA: WHY DO YOU DO THIS, WHY"
     "KAFKA TO MILENA: CLOSE YOUR KNEES"

   A WOMAN'S JATAKA <73>
     1. "YOKO ONO WROTE IN HER DIARY"
     2. "MARY SHELLEY WROTE IN HER DIARY"
     3. "MARINA MALICH WROTE IN HER DIARY"

FROM **THE RUSSIAN VERSION**

   "GENTLE SCHIZOPHRENICS…" <85>

   FROM **THE RUSSIAN VERSION** (PREVIEW) <87>
     "I TOOK MY PILLS AND TURNED OFF THE TELEPHONE"
     THE NUMBERS
     "THROUGH THIS RADIO-JAZZ AND CINDER"
     POEMS ABOUT RUSSIAN POETRY

   FROM **THE RUSSIAN VERSION** <101>
     "YUDINA IN SNEAKERS AND AUDEN SMASHED"
     "YOU DON'T HAVE A TRUE FRIEND"
     "BLACK CONSCIENCE, RED CONSCIENCE"
     "DON'T RETURN: THE KGB IS BACK"

FROM THE QUEER'S GIRL FRIEND <109>
  "'HE'S NICE ENOUGH,' WRITES RITA…"
  "I'M TIRED OF WORRYING…"

NEW POEMS

  UNEXPECTED LETTER <121>

  FROM THE FOREST KING <125>
    "WHO GALLOPS, WHO RACES…"
    "THREE OF MY SOULS ACHED"
    "THESE EIGHT BULLETS…"
    "THE VOICES LEFT JOAN IN THE DUNGEON"
    "…I RODE AROUND WITH ONE OF THOSE"
    "D-TH WOULD COME TO ME…"
    "OLD KUZMIN THE UNBENDABLE"

  FROM BLACK SUITS <141>
    SUN
    A GANGSTER WEDDING IN RIGA

  LENA, OR THE POET AND THE PEOPLE <149>

  LENA AND LENA <160>

  NOTES TO THE TEXT; ACKNOWLEDGMENTS;
  ABOUT THE AUTHORS; ABOUT THE TRANSLATORS
  <180—189>

[ВСТУПЛЕНИЕ]

ИСТОРИЯ СОЛДАТКИ

«Бывший врач, бывший преподаватель психоанализа, бывший житель Воронежа» (города, в котором родился Андрей Платонов и отбывал ссылку Осип Мандельштам), Елена Фанайлова с конца 1990-х живет в Москве и работает на радиостанции «Свобода». Эти скупые биографические вехи важны, как важно и то, что печататься Фанайлова начинала в двух самых актуальных, ориентированных на интернациональный «постмодернистский» контекст журналах начала 1990-х — рижском «Роднике» и петербургском «Митином Журнале», резко выделявшихся в тогдашнем литературном пейзаже. В приложении к «Митиному Журналу» вышла и ее первая книга стихов «Путешествие» (1994) с предисловием Аркадия Драгомощенко. Из этого же круга, круга «неофициальной» ленинградской культуры, приходит к Фанайловой и самое громкое признание — Премия Андрея Белого, лауреатом которой она становится в 1999 году. К этому времени она уже широко известна и печатается в более умеренных, традиционных журналах, таких как «Знамя». Более умеренной, компромиссной, становится и ее поэтика; книга «С особым цинизмом» (2000) свидетельствует о кризисе, вызванном инерцией, исчерпанностью конвенциальных форм, самоповтором. Из этого кризиса поэт выходит нетривиальным образом — не «разрешает», а превращает его в конструктивный принцип, делает предметом стиха.

Начиная с книги «Трансильвания беспокоит» (2002) традиционный регулярный стих, оставаясь главным

[INTRODUCTION]

STORY OF A WOMAN SOLDIER

"A former doctor, a former teacher of psychoanalysis, a former inhabitant of Voronezh" (the city where Andrey Platonov was born and where Osip Mandelstam spent his exile), Elena Fanailova has lived in Moscow since the end of the 1990s, where she works for Radio Liberty. These meager biographical markers are important, as is the fact that Fanailova first started to publish her work in two of the most cutting-edge journals of the early 1990s, oriented toward an international "postmodernist" context, the Riga journal *Rodnik [Wellspring]* and the Petersburg publication *Mitya's Journal*, which stood out in sharp contrast in the literary landscape of that period. Her first book, *Travels* (1994), was published as a supplement to *Mitya's Journal*, with a foreword by Arkadii Dragomoshchenko. That very circle of "unofficial" Leningrad culture bestowed resounding recognition on Fanailova: the Andrey Bely Prize was awarded to her in 1999. By this time her work had become widely known and she had begun to publish in more moderate, traditional publications, such as *Znamya [The Banner]*. Her poetics too became more moderate, even compromising; the book *With Particular Cynicism* testifies to a crisis caused by intertia, self-repetition, and the exhaustion of conventional forms. The poet does not leave this crisis in a trivial manner—she does not "resolve" it, but rather transforms it into a constructive principle, making it the subject of the poetry.

Beginning with the book *Transylvania Calling* (2002), Fanailova's traditional, regular verse, though remaining her primary weapon, undergoes a major rupture. Her rhythms become

орудийным средством, претерпевает у Елены Фанайловой серьезную ломку. Ритм становится все более раздерганным, нервным; в силлаботонику вторгается раешник, верлибр (и наоборот). Рифма то исчезает, то появляется вновь, зачастую там, где ее не ждешь — посреди строки, в виде ассонанса, а то и в следующей строфе. «Блуждающей» рифмовке отвечает и строфика, которая тоже теряет упорядоченность, оползает, гнется, как гнутся и плавятся несущие конструкции под тяжестью обрушившегося на них удара. Возникает ощущение сбитого дыхания, судороги, заставляющей корчиться и прикусывать язык. К этому следует добавить резкое столкновение различных лексических пластов и культурных кодов: просторечия, сленг, скабрезности, мат взрывают, рвут на части ложноклассическую стиховую ткань, состоящую, при ближайшем рассмотрении, из лоскутьев — прозрачных (и не очень) отсылок, реминисценций, парафраз, от сводки теленовостей до житийной литературы, от кинематографа до лирики высокого модернизма (Кузмин, Ахматова, Ходасевич…). И не только: все настойчивее в эфире Фанайловой прослушиваются голоса советской эпохи — Вознесенского, Галича, Высоцкого.

Формально подобный тип стиха, объединяющий разные системы стихосложения, можно вслед за Юрием Орлицким назвать гетероморфным. Исследователь возводит его генезис к Хлебникову и Введенскому (забывая почему-то о «Двенадцати» Блока) и отмечает широкое распространение в '90-е и последующие годы *via* поэтов старшего поколения, среди которых я бы выделил прежде всего Елену Шварц и Василия Филиппова. Однако у Фанайловой гетероморфность не ограничивается собственно формальными признаками, а достигает размаха настоящей разноголосицы — лексической, тематической, жанровой, особенно заметной (чтобы не сказать режущей слух) при обращении к острой социально-политической проблематике, пребывавшей на всем протяжении '90-х под запретом как нечто непристойное (куда более

more and more ragged, nervous; the syllabotanic meter is infiltrated by folk rhymes and free verse (and vice versa). Rhyme disappears, then reappears, frequently where you least expect it—in the middle of a line, in the form of assonance, or even in the following stanza. The "wandering" rhyme is countered by prosody, which also loses orderliness, slips, bends, as supporting frameworks bend and melt under the weight of the blow that crashes down on them. There is the sensation of broken breathing, of a spasm that forces you to writhe and bite your tongue. Here we also see a sharp collision of various lexical layers and cultural codes: popular speech, slang, opprobriousness and vulgarity all blow up, tear to shreds the falsely classical poetic fabric consisting, on closer examination, of rags—transparent (and not so transparent) references, reminiscences and paraphrases, from television news reports to hagiography, from cinema to high modernist lyrics (Mikhail Kuzmin, Anna Akhmatova, Vladislav Khodasevich). And not only: what can be heard all the more unrelenting in Fanailova's transmission are voices of the Soviet epoch—Andrei Voznesensky, Alexander Galich, Vladimir Vysotsky.

A formally similar type of poetry, which unites different systems of versification, could be called, following Yuri Orlitsky, *heteromorphic*. The scholar traces its genesis to Khlebnikov and Vvedensky (forgetting, for some reason, Blok's "The Twelve") and notes its wide dissemination in the 1990s and the years following via poets of the older generation, among whom I would first of all single out Elena Shvarts and Vasily Filippov. However, Fanailova's heteromorphism is not limited to purely formal attributes, but reaches its scope of true polyphony—lexical, thematic, and generic, which is especially evident (not to say harsh to the ear) when it turns to actual socio-political problematics, a subject which continued to be forbidden for the entire duration of the '90s as something obscene (considered much more obscene than "confessional" or "love" lyrics). Fanailova updates these "taboo" genres that had been pushed to the curb, precisely through heteromorphism and dissonance, through openness to the voices of others—including the tongue-tied and

непристойное, чем «исповедальная» или «любовная» лирика). Фанайлова реактуализирует эти оттесненные на обочину, «табуированные» жанры именно через гетероморфность и многоголосье, через открытость голосам других — в том числе косноязычным и голоса лишенным, пробивающимся сквозь хорошо поставленные голоса культуриндустрии, моды, гламура, массовых коммуникаций.

Кому-то это может показаться эклектикой, граничащей с дурновкусьем. Но автор, похоже, сознательно добивается такого эффекта, прибегая к технике, давно опробованной в музыке, визуальных и синтетических искусствах. Так, о сюите-действе «История солдата» (1918) Стравинского музыковед М. С. Друскин (брат философа-чинаря Якова Друскина) писал, что в ней «виртуозно варьируются народные мотивы скоморошьего склада, отзвуки бытовых напевов, предвестия джаза (танго, регтайм), помпезные военные марши и протестантский хорал». Если «протестантский хорал» заменить на православную литургию, добавить «причитание» или «тренос» («погребальный плач»), мы получим описание зрелой поэтики Елены Фанайловой, поэтики саморефлексивной, отдающей отчет в собственной генеалогии и орудийности:

> Величие нет ничего смешней
> Когда ты вспоминаешь
> Дрожащую и близкую мишень
> Что движется на гребне трэша
>
> [«Они стоят с Аркашей словно два бомжа...»]

Эта новая манера — ожесточенная, конвульсивная — начинает кристаллизоваться в отдельных стихотворениях «Трансильвании...», таких как «...Они опять за свой Афганистан...», «(Памяти деда)». Характерно, что насыщенным раствором для нее (кристаллизации) послужила тема войны, коллективной памяти, страданья. При этом конкретные исторические войны — Великая Отечественная,

the deprived, breaking though the trained, actorly voices of the culture industry, of fashion, glamour, and mass communications.

To some, this poetry might seem to be eclecticism bordering on tastelessness. But it appears that the author is consciously striving for this effect, resorting to techniques that have stood the test in music, as well as the visual and synthetic arts. Writing about Stravinsky's suite "Story of a Soldier" (1918), the musicologist Mikhail Druskin (the brother of the *Chinari*-group philosopher Yakov Druskin) spoke of the way "the folk melodies of *skomorokhi* [itinerant musicians], echoes of household tunes, presages of jazz (tango, ragtime), grandiose military marches and the Protestant chorale virtuosically vary." If we replace "Protestant chorale" with "orthodox liturgy," and we add "lamentation" or "threnody" ("funeral lament"), we get a description of the mature poetics of Elena Fanailova. It is a self-reflective poetics giving account of its own genealogy and instrumentality:

> There is nothing more ridiculous than greatness
> When you remember
> The trembling short-range target
> That moves on the crest of trash
>
> [from "He and Arkasha stand together like two bums…"]

This new manner—intensified, convulsive—starts to crystallize in individual poems of *Transylvania Calling* such as the untitled poem beginning "…Again they're off for their Afghanistan…" and "(In Memory of Granddad)." It is telling that the themes of war, collective memory, and suffering served as a saturated solution for the crystallization of this new manner. Thus, concrete historical wars—World War II, the Afghan war, both campaigns in Chechnya—interpenetrate in Fanailova's work, are superimposed, forming a single continuum (the way tracks are "spliced" on a mixing board). War is thus incorporated. It changes the physiology of speech. In *The Russian Version* (2005) the metamorphosis is completed. Henceforth Fanailova writes

Афганская или обе Чеченские кампании — у Фанайловой как бы взаимопроникают, накладываются, образуя один континуум. (Так на микшерском пульте «сводят» разные звуковые дорожки.) Война инкорпорируется и меняет физиологию, метаболизм речи. В «Русской версии» (2005) метаморфоза завершена. Отныне Фанайлова пишет не о войне, а войной: ее письмо не просто напоминает репортаж с места боевых действий, но и само как будто отплевывается короткими очередями, зарывается в землю, шлет позывные, выходит из окружения. В «Черных костюмах» (2008) у нее уже «в обоих руках по два астральных пулемета: / Отстреливаться по-македонски»; мир, с его локальными конфликтами, этническими чистками, лагерями беженцев, бандитскими разборками и уличной преступностью, но также и светскими раутами, литературными премиями, нефтяными скважинами и «случайным коитусом» предстает здесь как всего лишь передышка в тотальной гражданской войне. Тотальной, потому что масс-медиа; гражданской, потому что никакая медиатизация и риторика «террористической угрозы» не могут скрыть очевидного: «невидимой руки» экономических, геополитических, в конечном счете классовых интересов, ставкой в игре которых и выступает «гражданское население». Не успеваешь похоронить и оплакать мертвых. Работа траура продолжается. Микрофон включен.

«Барышни, я говорю голосами», написала когда-то Фанайлова в книге «С особым цинизмом» (2000). И еще раньше, в «Путешествии» (1994): «Ты, как империя, видишь ценой / Гибели передовых полков». Тогда это было обещание. Чтобы его сдержать, чтобы обрести эту «гибельную» оптику, понадобился сквозняк истории, ее мусорный ветер, сметающий декорации и прекраснодушные иллюзии '90-х и громоздящий перед нашим взором обломки.

— АЛЕКСАНДР СКИДАН

not *about* war, but *by means of* war: her writing does not simply resemble reportage from the front line but itself spits out short bursts of fire, digs itself into trenches, sends call signals, breaks out of encirclement. In the book *Black Suits* (2008), she already holds "in both hands two astral machine guns: / To shoot back Macedonian-style." The world, with its local conflicts, ethnic cleansing, refugee camps, gang wars and street crime, but also its society functions, literary awards, oil wells, and "casual sex" appears here only as a respite in total civil war. "Total" because of mass media; "civil" because no amount of media manipulation nor the rhetoric of "terrorist threat" can hide the obvious: the "invisible hand" of economic, geopolitical and, ultimately, class interests in whose game "the civilian population" are the stake. There is no time to bury and weep over the dead. The work of mourning proceeds. The microphone is turned on.

"Ladies, I speak in voices," Fanailova once wrote in *With Particular Cynicism* (2000). And even earlier, in *Journeys* (1994): "You, like the empire, see at the cost / Of front-line fatalities." Then it was a promise. In order to keep it, in order to find this "fatal" optics, the cold draft of history, its garbage wind, was necessary, sweeping away the stage set and starry-eyed illusions of the 1990s and the wreckage piling up before our eyes.

— ALEKSANDR SKIDAN

[translated by Genya Turovskaya]

THE
RUSSIAN
VERSION

из РУССКОГО АЛЬБОМА
(1994–1997)

from **THE RUSSIAN ALBUM**
(1994–1997)

***

Уже вчера наступал ноябрь.
Уже вчера изменился свет.
Проснешься: призрак стоит у окна,
В жилетном кармане лежит ланцет.

За окном улица, которой нет.
У смерти уже такой легкий вкус,
Гигиенический лаконизм
И бедная лексика наизусть.

У смерти уже такой легкий слог.
Ее улыбка модели "Вог".
Ее движения старых ревю,
Сухие крылья балетных ног.

* * *

Already yesterday November was arriving.
Already yesterday the light had changed.
You'll wake up: a ghost stands at your window,
A lancet in the pocket of its vest.

Beyond the window, a street that doesn't exist.
And death has acquired such a light taste,
Such hygienic laconicism
And a meager vocabulary learned by heart.

And death has acquired such an easy style.
Her smile is like a model's out of *Vogue*.
Her gestures are taken from old revues,
The dry wings of ballet legs.

[GT]

СТАРЫЙ НОВЫЙ ГОД

Свет идет. Курим в саду.
Желтый спускается сверху.
Замерзшее яблоко на высоте —
Красное до сих пор.

Старые церкви светятся зимой,
Прозрачные изнутри.
Белые ангелы на горе
Играют для нас хиты.

OLD NEW YEAR

The light falls. We smoke in the park.
Yellow comes down from above.
The frozen apple high overhead
Has kept its red.

Old churches glow in the winter—
Transparent from within.
White angels on the hill
Play us the latest hits.

[GT]

***

Жить, как улитка, хочу, в вате хочу,
Дряблое тело храня,
Будто в футляре стеклярусовом
Елочный шарик лежит,
И отстала бы жизнь от меня,
Трепетавшая в воздухе пламенном, ярусами.

В бархатном нежном футляре хочу засыпать,
Будто забытая вещь, театральная штучка,
Бусинка либо перчатка.
Буду с тобой разговаривать по ночам
По телефону во сне, сиять.

Хитрая стала, тихая, полюбила молчать,
Тонкостенные, хрупкие вещи в папиросной
        бумаге хранить, охранять.

Пиромания, пиротехника, flash.
Испепеляющий огонь.

* * *

I want to live like a snail, wrapped in gauze,
To preserve this decrepit body,
Like a Christmas tree ornament
Nestled in a case of beaded glass,
Life would lay off me,
Stop quivering in the tiers of fiery air.

I want to sleep in that soft velvet case,
Like some forgotten trinket from the theater,
A tiny bead or a lost glove.
I will talk to you at night,
Shining on the telephone in my dreams.

I have grown cunning, quiet. I love to keep silent,
And to guard the thin-walled, fragile things
      I save in cigarette papers.

Pyromania, pyrotechnics, *flash*.
The fire that turns all things to ash.

[SS]

***

Я полоумна. Ты остроумен.
Мы ищем странствующий люмен

По участкам, по больницам,
Как сказал бы Сологуб,
Но Бог давно сим мертвым птицам
Не размыкает губ.

Он пронизывает, синий,
Дребезжа, ночной вагон.
Вдоль высоковольтных линий
Движется слепой огонь.

Он качает здесь поля, селенья,
Словно нефть и ртуть в товарняках,
Он на кладбищах поддерживает тленье,
Равно как сокровища любви в живых руках.

Только для чего нам эта сила,
К небу восходящая зола,
Если нас забыла, отпустила
Тайная механика, и праздная Сивилла
Амальгамой книзу положила зеркала?

***

I am a half-wit. You are sharp-witted.
We are looking for the wandering lumen

In hospitals, in precincts,
As Sologub would have said.
But God long ago ceased opening
The lips of these dead birds.

Shivering, blue,
It permeates the night train.
A blind fire moves
Along the high-voltage wires.

It rocks the fields and villages here,
Like oil or mercury carried in freight cars,
In the cemeteries it keeps up decomposition,
Like love's treasures held in living hands.

So why do we need this force,
This ash that rises to heaven,
If we were long forgotten, let loose
By its secret mechanism? If the idle Sybil
Has turned her mirrors face down?

[SS]

***

Жутко владенье хрупкими вещами.
Как тут узнаешь, кто научил рисовать людей
Звездочки меж бровей, бабочек над хрящами
Надгортанников, плачущий глаз меж грудей?

Кто научил их жить, вообще, с чужими
Пропастями, с их ночными зверьми,
С этим зияньем, пеньем, беспамятством — недостижимей
Даже при жесте ладонями вверх: возьми,

Если не убоишься таких объятий.
Если тебе покажутся не страшны
Лица, всплывающие из амальгамы пятен,
Из плесневеющей, черной, серебряной глубины.

* * *

It's terrible to possess brittle things.
How are we to know who taught people to draw
Stars between eyebrows, butterflies over the gristle
Of throats, a weeping eye between breasts?

And who taught them to live with strange
Chasms, with their nocturnal beasts,
With this yawning, singing, oblivion—further out of reach
Even with open palms stretched forth. Take them

If you are not afraid of such embraces.
If the faces floating up from an amalgam
Of splotches, from the molding, dark, silvery depths
Don't frighten you.

[GT]

(ТЕНИ В РАЮ)

Они приходят домой,
Они ложатся вдвоем.
Им наплевать на других
И на себя заодно.
Им вообще все равно.
Они ложатся на дно.

Они садятся вокруг,
Они ложатся на снег,
Как будто Север и Юг,
Друг ко другу головой,
Как по воде меловой,
Как на войне мировой.
Они ложатся, молчат,
Они целуют в глаза,
Они не помнят причин,
Не оставляют следов.
Ничто не держит их здесь:
Ни долг, ни доблесть, ни честь.

Для них пусты города,
Обращены к небесам.
Для их полуночных крыл
Объятья воздух отдал.

У них, вообще, нету сил.
Никакой такой правоты.
Ничего, кроме воды,
Что унесет их черты.

(SHADES IN PARADISE)

They come home,
They lie down together.
They don't give a damn about anyone,
About themselves for that matter.
It's all the same to them.
They lie down on the bottom.

They sit in a circle,
They lie down on the snow,
Like North and South,
They lie down crown to crown.
As if on chalk water,
As if in a world at war.
They lie down without words,
They kiss on the eyes,
They don't remember why,
They leave no trace.
Nothing keeps them in place:
Not honor, not valor, not duty.

For them cities are voids,
Facing the skies.
The air returned the embrace
Of their midnight wings.

On the whole, they lack strength.
No justification at all.
Nothing other than water
That will carry their features away.

[GT]

АЛЬБОМ ФРИДЫ (FRIDA KAHLO'S ALBUM)

Фрида убранная сидит (набеленная), у холста сидит,
Кружевная нижняя юбка, фартук, серьги, венец косы,
По левую руку Смерть, по правую Диего без головы,
Пуповина их связывает, сосуды, ниточки, проводки,
Перед нею на нитке хрустальный шар висит,
Показывает небеса, комнату, людей, океан,
В горле у нее сердце стучит/стоит,
Ее постель заросла травой,
Фрида сидит, как каменный истукан.
В воздухе Божия Матерь, распятая Фрида в люльке лежит
Распятая Фрида лежит
Диего с Полеттой Годар

Фрида сидит королева, шали, брошки, цветы в волосах
    Слезы ее, медальоны, браслеты, бусы, вышивки, ленты,
        подвески, бахрома,
Мертвые куклы при ней, в изголовье портреты (retratos) вождей,
Фрида в корсете сидит, в коросте сидит,
Ее постель зарастает травой
Трава растет из ее головы
Диего с Марией Феликс
Фрида одета как мальчик, ее папироски, камни, кристаллы, слюда,
Обезьянка ее обнимает, ее попугаи, утопленницы в волосах,
Звезды у ней в ушах, зеркала в саду, кружева,
Кадавры, олени, собаки странных пород,
Мертвый царевич Димас
Ангелы на сердечных качелях,
                пробивших ей грудь
Фрида с Люсьенной Блох
Фрида с Eva Frederik
Фрида в доме его супруги Лапе Марин

FRIDA'S ALBUM (THE ALBUM OF FRIDA KAHLO)

Frida sits coiffed (in whiteface), sits next to the canvas,
A lacy underskirt, apron, earrings, braids in a wreath,
Death to her left, Diego headless on her right,
An umbilical cord connects them, vessels, threads, wires,
A crystal globe hangs on a thread before her,
Showing skies, a room, people, and the ocean,
Her heart stops, her heart beats in her throat,
Grass has overgrown her bed,
Frida sits there, like a stone idol.
In the air hovers the Mother of God, a crucified Frida lies in a cradle,
Frida lies there crucified
Diego is with Paulette Godard

Frida sits there like a queen, shawls, broaches, flowers in her hair,
> Look at her tears, lockets, bracelets, beads, embroidery, ribbons,
> > pendants, fringe,
Dead dolls by her side, portraits (*retratos*) of leaders hang at the
   head of the bed,
Frida sits corseted in staves, covered in scabs,
Her bed is vanishing in the growing grass
Grass grows from her head
Diego is with María Félix
Frida is dressed as a boy, her cigarettes, stones, crystals, bits of mica,
The monkey hugs her, there are parrots, drowned women in her hair,
Stars in her ears, mirrors in the garden, lace,
Corpses, deer, weird breeds of dog,
The deceased Prince Dimas
Angels on heart swings
                              that pierce a hole through her breast
Frida is with Lucienne Bloch
Frida is with Eva Frederick
Frida is at the home of his wife Lupe Marín

Фрида в люльке, Диего скорбит,

                             марьяж, marriage.

Две Фриды, Фриды две.

Frida is in a cradle, Diego is in mourning, look at the cards,
                                              mariage, marriage.
There are two Fridas, two Fridas here.

[SS]

из цикла КИТАЙСКИЕ ПЫТКИ

* * *

Помнишь, как ты плакала о мертвом и живом?
Шахматы твои судьба смахнула рукавом.

Вот вдали любовь, бледна, проходит и молчит,
Горько помавает опустевшей головой.
А давно ль летала бурей, молньей шаровой,
Демоном вертепа, девой цирковой?

Плачут и смеются, за твое здоровье пьют.
Не освободиться никому из этих пут.

Сердце на цепочке, словно ключик и брелок.
Помнишь ли трапецию и девочку Суок?
Помнишь ли Лютецию и тлеющий снежок?
Каждый беззащитен, вероломен, одинок.

Каждый как ребенок, уцелевший на войне:
Грудь в ремнях и поцелуях, а в глазах печаль.

Что ж они приходят, на руки меня берут,
Тихо так бормочут, убаюкивают, врут?
Не освободиться никому из этих пут.

Ангелы предместий, наркоманские дела,
В огненных доспехах, раскаленных добела,
Все это тебя уж не достанет никогда,

FROM CHINESE TORTURES

* * *

Do you remember how you wept over the living and the dead?
Fate swept your chess pieces away with its sleeve.

There's love, passing by in the distance, silent and pale,
Bitterly shaking her lowered head.
How long since she soared as spherical lightning, a gale,
A lair demon, a circus girl?

They weep and they sing, they drink to your health.
No one can break out of these chains.

Heart on a string, like a key or a charm.
Do you remember the trapeze and the ropewalker Suok?
Do you remember Lutèce and the moldering snow?
Everyone is defenseless, treacherous, alone.

Each is like a child who survived a war:
Breast bound in belts and kisses, but sadness in the eyes.

Why do they come, take me up in their arms,
Mutter so quietly, lull me with lies?
No one can free themselves from these chains.

Angels of the outskirts, narcomanic deals,
In blazing armor, white with heat.
All these things will not touch you again,

Каждый мореплаватель и юный офицер,
Принцы поднебесья, господа небесных сфер,
Призраки зенита, покровители чудес,
Те, кого ты хочешь видеть, кто навек исчез.

Each and every seafarer and young officer,
Princes of the heavens, lords of heavenly spheres,
Phantoms of the zenith, patrons of miracles,
All those you long to see, who have forever disappeared.

[GT]

ANGEL GUARDIAN

Видишь пепельный грим дорогих пантомим
И дебелый балет на пороге Невы.
Будто бабочки-вспышки слепящих равнин.
Будто реки могил, будто ночь головы.

Будто архистратиги, да нож в голове
Мельтешит, как проектор по белой стене.
Исчезает столица, и царь на Москве
Закрывает глаза в литургическом сне.

Дай мне яду, моя дорогая страна.
Все равно я лицом упадаю вперед.
Завяжи мне глаза, я могла бы сама,
Как утративший навыки жизни пилот.

Позабудь меня, брось меня в этой пурге,
Где имперская флейта и флотский гобой,
Надрываясь, бликуют в воде и фольге.
Я не помню, чтоб я говорила с тобой.

ANGEL GUARDIAN

You see the ashen grease paint of beloved pantomimes
And the fleshy ballet on the ledge of the Neva.
Like butterfly-flashes of blinding plains.
Like rivers of graves, like the night of the mind.

Like archangels, yes, a knife in the mind
Flickers like a projector on a white wall.
The capital vanishes and the tsar in Moscow
Closes his eyes in liturgical sleep.

Give me poison, my beloved land.
All the same I fall forward face down.
Blindfold my eyes, I can go on my own,
Like a pilot who lost the knack for life.

Forget me, abandon me in this gale,
Where the imperial flute and the naval oboe
Strain and shimmer in the water and foil.
I don't remember ever talking with you.

[GT]

***

К лучшему: это ты, ни за что не держишься,
Only you (в такси, во тьме), только ты.
Быстро, как яд по воде, перекашивает от нежности
Неопределенные черты.

О, не стой же в глуши над душой, за спиной, закажи забвение,
Сомнамбулический парадиз.
И кораблик, и рыбку златую пущу по вене я
В поисках сладких грез, заводных небес, seven seas.

Сердце не разорвется больше при всем желании.
Водка-цыганка сияет, давно суха.
Как ослепительно зимнее солнцестояние,
Непредставимая, чуждая ранее
Бесчеловечная речь, другая судьба, торжество стиха.

* * *

Better this way: it's you with nothing to hold on to,
Only you (in a taxicab, in darkness), only you.
Quick, like poison running through water, distorting out of tenderness
The undefined features of a face.

O, don't wait in the thicket above my soul or behind my back,
Order up some oblivion, some sleepwalking paradise.
I'll launch a little ship and send gold fish through my veins
In search of sweet daydreams, of wind-up heavens, of *the seven seas*.

Like it or not, my heart will stay in one piece.
Vodka shines its dry light like a gypsy.
How blinding it all is: the winter solstice,
These unimaginable, inhuman words,
This other fate, the triumph of verse.

[SS]

из **С ОСОБЫМ ЦИНИЗМОМ**
(1998-1999)

from **WITH PARTICULAR CYNICISM**
(1998–1999)

ИЗ ПИСЕМ ATD

…Никому не служи, никого не слушай,
Даже если тебя позовут в мужья.
Как взрывается мозг — это знают ушлые
Застрелившиеся из ружья

Персонажи Чехова.
Не проси, не бойся,
Продолжая классическое, не верь.
И тем более — не удивляйся,
Когда после этого укажут на дверь.
— Проходи, не стесняйся.

Никого не грузи, не учи, не мучай,
Вообще, не смеши.
На небесах уже оказались лучшие,
А здесь — все хороши.

(Но и ты, черный ворон, тоже не вейся
Над больной головой, как родная речь.)
И не надо, не надо лежать на рельсах,
В стремленьи нечто ювенильное сберечь.

Вспомни, как славно с любимым обняться
И от обязанностей уклоняться.
С возрастом любовь будет меняться,
Становиться еще прекрасней,
То ли трогательней, то ль огнеопасней.
Постарайся этого дождаться.

FROM THE LETTERS OF ATD

…Don't ever serve, ever listen to anyone,
Even if called to take a wife.
How the brain can explode is all too familiar
To the shrewd Chekhovian characters

Who did themselves in with a hunting gun.
Ask not, fear not,
As you continue the classical, have no faith.
And don't be surprised after all is said and done
And you're shown the door.
"Walk through, don't be afraid."

Don't lecture, don't burden, don't torture anyone,
Never crack jokes.
All the best ones are already up there,
And here everyone's high.

(And you too, black raven, don't circle
My aching head, like the mother tongue.)
No don't, please don't stretch out on the rails
In a vain attempt to preserve your juvenalia.

Recall: how fine it is to embrace your beloved,
Shirking all responsibility.
Love will change with age,
Become even more magnificent,
Maybe more tender, or perhaps more combustible.
Try to stick around long enough for this.

А уж как наступит умная старость,
Как поставит самый крепкий парус,
Так она еще раз все изменит,
На аптекарских весах своих измерит
ярость ярость ярость ярость ярость
и другие сказки и рассказы

And then, when wise old age arrives,
It will raise up the sturdiest sail,
It will change everything all over again,
On its pharmaceutical scales it will weigh
rage rage rage rage rage
and other fables and tales

[GT]

СТРАНА МЕРТВЫХ

1

…Долго, долго в Петербурге утомленном
Спит душа в коленопреклоненном
Облике, склоняется над троном.

Словно птица ходит над престолом
Ангел города высокими мостами,
Тонкою цепочкой скован.

Ткет немецкая императрица саван.

Здесь дневные звезды чертят заумь,
Как невидимые фотоблицы.
На Смоленском кладбище в затишье
Входит сила в зимние могилы,
Словно быстрая самоубийца.

Призраки стоят над кораблями
Нежное бестрепетное пламя

Пьяницы следят за миром с крыши

2

…Из могилы ее вырос ивовый куст.
Через год он гробницу раздвинул до розовых звезд.
Он корнями пророс ее ребра и сердце оплел.
Но отец взял топор и пилу
Корчевал корневище и вырубил ствол

Ах, зачем ты, кричала я, пусть бы он рос,
Это чудо, душа ее, это она,
— Пусть случайность, языческий дикий обман,

LAND OF THE DEAD

1

…In tired Petersburg, on and on,
In bent-kneed form
The soul sleeps, leaning over the throne.

Like a bird the angel of the town
Walks on tall bridges above the crown,
Held down by a slender chain.

The German empress spins a shroud.

Here the daytime stars draft trans-sense
Like invisible photo flashes.
At the Smolensk cemetery, in the hush,
A force enters the winter crypts
Like a sudden suicide.

Phantoms hover over the ships
As a gentle dauntless flame

Drunkards watch over the world from rooftops

2

…A willow sprouted from her grave.
A year later it cracked the tomb apart to the rose-colored stars.
Its roots grew through her ribs and entwined her heart.
But father took an axe and a saw
Pried out the root and chopped down the stalk

Why are you doing this, I screamed, let it grow,
It's a miracle, it's her soul, it's her,
"Let's say it's just a coincidence, a wild pagan lie,

Ведь она не была крещена. —
"Он мешает, мешал ей," — сказал атеист,
Где лежала его жена.

Он не видел ни ангелов, ни домовых,
Верил только в наличье живых.
Но не мог оставаться в квартире один:
Все казалось, что кто-то другой господин.

Он глотал, как еду, тазепам и коньяк.
Он молчал и отчаялся, старый дурак.
Он поехал на кладбище к ней ночевать.
И со страху он взял другую жену,
Чтоб ничто не смогло ему напоминать,
Как рубил этот куст, хоронил мою мать.

3

…Далеко в голове скрипят качели
Тихим сном, кривым коротким стоном.
Мать читает об Изольде и Тристане.
Марлевыми пересечены крестами,
Далеко далеко твои печали,
И вспоминать не станем.

Задрожит душа на шаткий плот вступая
Затрепещет заликует
И вода в ведре как бабочка слепая,
Операторы Тарковского, бликует.

Это призрачные яблони и вишни
Обожаемого дедовского дома
В ласковой стране мертвых, его рубашка,
Ветер в раме,
Загорается, ничего не помню.

After all, she was never baptized."
"It is—was—in her way," said the atheist,
There, where his wife lay.

He saw neither angels nor household ghosts,
Believed only in the presence of the living.
But he couldn't stay in his apartment alone:
It always seemed someone else was master of the house.

He swallowed benzos and cognac like food.
He kept quiet and despaired, the old fool.
He went to the cemetery to spend the night.
And out of fear took another wife,
So nothing would ever remind him
Of how he chopped down that bush, how he buried my mother.

3

…Far away in my head swings are creaking
Like quiet sleep, like brief ragged groans.
Mother is reading about Tristan and Isolde.
And very far away your sorrows
Are traversed by gauze crosses.
We won't bother to recall them.

The soul will tremble as it steps onto a shaky raft
Will quaver and rejoice
And water in its pale, like a blind butterfly,
Like Tarkovsky's cameramen, will catch the light.

These are the spectral apple and cherry trees
Of Granddad's beloved house
There, in the gentle land of the dead is his shirt,
Wind through a frame,
Something catching fire, I remember nothing.

4

Бабка за окном яблоню подпалила.
С нею была ее сторонняя сила.

Как зажечь — силе — учила брата.
Мир живых для нее не утрата.
Все равно ей, что война, что могила.
Произносила слова русского мата.

Сбросила на пол фотографию свекрови,
Дедовой матери, уронила,
Панночки, на которую я похожа.
Долго меня по-деревенски била,
Учила правилам земной любови.

Поседела в двадцать пять в Тамбове,
Как она стреляла, в нее стреляли.

Где ты, где ты — какая-то глухая вата.
Облачное, в лучшем случае, сфумато.

В детстве прикрывала меня, пилила,
Обнимала на груди необъятной.
Помню мягкое и штапельное платье
С пятнами кухарки вечной неопрятной.

Теперь является солнечными столбами пыли

4

Outside the window Granny set the apple tree on fire.
She had her otherworldy force with her.

How to set fire—the power—she taught my brother.
For her the world of the living was not defeat.
The grave and the war were all the same to her.
She uttered Russian obscenities.

She threw the photograph of her mother-in-law on the floor,
Dropped it, Granddad's mother,
The *panni* that I resemble.
For a long time she beat me village-style,
Taught me the rules of earthly love.

She went gray in Tombov at twenty-five.
She shot like she was shot at.

Where are you? Where are you? A dense cotton fog.
At best it's a cloudy sfumato.

When I was a child she would pester me, protect me,
Press me to her immense breast.
I remember her soft muslin dress
With its stains of a perpetually slovenly cook.

Now she appears as solar columns of dust

[GT]

из **ТРАНСИЛЬВАНИЯ БЕСПОКОИТ**
(2002)

from **TRANSYLVANIA CALLING**
(2002)

ИЗ ЦИКЛА **ЛИТОБЗОР**

(АКВАРЕЛЬ ДЛЯ МАТАДОРА)

Весна, адреналин, мы ходим королём,
Следим за отбывающим небесным кораблём,
И в ожиданьи катастроф небесных
Не переносим выражений пресных,
Объятий тесных, отношений честных.

О чём мы говорим? О светских новостях,
О граде на крови, о кладке на костях,
О заработках в глянцевых журналах
И, памятуя, что мы ходим в королях,
О бедных и больных, о нищих и усталых

И поднимая веки поутру,
Как вся смешная гоголевская нечисть,
И проклиная собственную участь
И радость красной смерти на миру,
Мы отдаём себе отчёт, набычась,
Вспахав подкорку и содрав кору:
Из нас уж ничего не можно вычесть.

FROM **SURVEY OF LITERATURE**

(WATERCOLOR OF A MATADOR)

Spring, adrenaline, we walk as kings,
We follow the departing heavenly ship,
And, in expectation of heavenly catastrophes,
Stale expressions, clammy embraces,
Even honest relationships are unbearable.

What do we talk about? Society gossip,
About the city built on blood, the laying down of bones,
About money earned from glossy magazines
And, remembering that we walk as kings,
About the poor and the ill, the downtrodden and the tired

And opening our eyes in the morning,
Like every foolish bit of evil in Gogol,
We curse our own fates
And the good fortune of red death in the world,
Frowning, we take stock of what we can,
For we have plowed up the roots and torn back the bark:
There's nothing left to subtract from us.

[SS]

(КУРСИВ МОЙ)

1

Пройдя путём гранёного стекла,
Была и компаньон, и адресатка
Времён, когда поэзия росла
Из человеческого недостатка,
Когда поэзия вела
Себя в ожиданьи сухого остатка,
Уж извините, как могла,
Как истеричка и кобла,
Времён, когда поэзия несла
Ответственность за глубину припадка,
До смерти доводя: мол, я предупредила

То есть колбасила и колотила
Винтом, как содержимое графина.
В крови текли и пиво, и текила,
То есть абсент и производные морфина

Она её не тронула одну,
Её алмазный разум сохранила
В священного безумия страну
Не допустила, словно отрубила

(THE ITALICS ARE MINE)

1

Having walked the pathways of faceted glass,
She was a companion, someone to write poems to
In the era when poetry flowed
From human shortcoming,
When poetry was waiting
For dry remainders,
It did its best, I beg your pardon,
Like a hysterical bitch,
In that era when poetry bore
Responsibility for the paroxysm deep
Enough to kill you: as if to say, I warned you,

In other words, trashed and thrashed
Like the swirling contents of a decanter.
Tequila and beer ran through the veins,
Or rather absinthe and morphine derivatives.

She was the only one it left untouched,
It preserved her brilliant mind
And cut her off, kept her out
Of the land of holy madness

2

Ходасевич умирает в клинике,
А Поплавский колется и пьёт
Алкоголики, калеки, циники
Отправляются в ночной полёт

Солнце, заколоченное досками
Желчегонные ады палат
Русский бог и счастие жидовское
Тает плоть, облатка, мармелад

Встречу назначай под сикоморами.
С крыльями стрекоз совокупи
Малые берцовые, которыми
Юноши играют в городки

2

Khodasevich is dying in a clinic,
And Poplavsky sticks himself and gets drunk
Alcoholics, cripples, and cynics
Departing on a midnight flight

The sun boarded shut
The sick-wards—bilious hells
The Russian god and Yiddish luck,
The flesh, the host, the marmalade jam, all melt

Make a date under the sycamores.
Combine the wings of a dragonfly
With fibulas—the kind
Youngsters use to keep the score

[SS]

из цикла ТРАНСИЛЬВАНИЯ БЕСПОКОИТ

(ФРЕЙД И КОРЧАК)

Самое ужасное в убийстве
Есть не то, что друг или любовник
Станет вдруг твоей напрасной жертвой,
Проходя чрез тернии по астрам
И ломая, гад, живые стебли.
Мы найдём любовника другого,
Заведём себе иного друга.

Самое ужасное в убийстве —
И не то, как ты за ней крадёшься,
Прячешься в кустах, чихнуть боишься,
Как следишь за нею тошнотворно.
Чувствуешь дыхание маньяка,
Голубиный поцалуй садиста,
И сливаешься с грядущей тенью.

И не то ужасное в убийстве,
Что оно прямое богохульство.
Что там б-г, и где Он притаился,
Как маньяк в умышленной засаде,
Если есть Он, что же попускает,
Отчего затверженно ласкает,
Как солдат соски у разведёнки?
Так не отрекаются подонки.
Не такие здесь видали дали,
Хули пули, не над тем рыдали.

И не то — случайная соседка,
Полбутылка водки, две три сотки,

FROM TRANSYLVANIA CALLING

(FREUD AND KORCZAK)

The worst thing about murder
Is not that a friend or lover
Suddenly becomes your hapless victim,
As he walks through thickets, over asters
And breaks the living stems, the bastard.
We can find another lover,
We can take up with another.

The worst thing about murder:
No, it's not that you steal after her,
And hide in the bushes, afraid to make a peep,
As you follow her every move—disgusting.
You sense the breathing of a maniac,
The heavenly kiss-kiss of a sadist,
And you become as one with the descending shade.

It's not the worst thing about murder
That it is utter blasphemy.
What's G-d have to do with it, and where's He hiding,
Like a maniac, in premeditated ambush,
If He does exist, why does He allow it,
Why does He firmly caress you
Like a soldier fingers an ex-wife's nipples?
That's not how the scum deny it.
We've seen far worse than this,
We've cried bitterly over less.

But that's not it. It's your accidental neighbor,
It's a half-bottle of vodka, a few hundred dollars,

Две-три стопки под два-три куплета,
Синдерелла, сашка, сигарета,
Плюшевая юбка, мясорубка,
Обушок и белая карета.

Жутко вот что: лёгкая отвёртка
Или же серьёзное зубило
Славное удобное простое
В ремесле покладистом и ловком
(Если только не ладонь дебила
Трогала и мыло и верёвку)
Снимет слой за слоем, шаг за шагом
Сухожилья лепесток за мышцей
Пол-лица как будто на театре
Патанатомических событий,
Словно атлас восковой листают
Медленно любовно отделяя
Тонкую бумагу дорогую

Инструмент прекрасный и полезный
Вдруг дробит растерянные зубы,
Обнажая кариес железный

Почему война? — перед войною
Снова спрашивал еврей настырный
У другого бедного еврея,
Ригорист, релятивист и стоик,
Растеряв учеников и дочек
И сестричек навсегда оставив
Там, где не заказывают столик,
Даже если при деньгах и празден
И куда пошел поляк упрямый
Иррациональный параноик

Or a couple shots to a couple ballads,
It's Cinderella, Sashka, cigarettes,
A plush skirt, a meat grinder,
An ice-pick and the all-white carriage.

What's awful is a lightweight screwdriver
Or a heavy chisel,
Handy, simple, even splendid,
For the supple, agile craft
(Unless it was a retard's hand
That touched both soap and rope)
It removes layer after layer, step after step
The petal-like tendon under the muscle
Half the face, as if
In an antomical theater,
As if someone were leafing through
A waxen atlas slowly, lovingly
Separating the sheets of fine, costly paper

A wonderful and useful tool
Smashes to bits the bewildered teeth
Exposing iron cavities

"Why war?" Before the war,
One brazen Jew repeated
The question to another poor Jew.
He's a stoic, a relativist, a rigorous type,
He's slowly lost his students, his daughters,
And forever left behind his little sisters
There, where no one can reserve a table
Even when they're flush and have the time,
Where's he off to, that stubborn Pole,
That irrational and paranoid man

[SS]

***

1

…Они опять за свой Афганистан
И в Грозном розы чёрные с кулак
На площади, когда они в каре
Построились, чтоб сделаться пюре.
Когда они присягу отдавать,
Тогда она давать к нему летит,
Как новая Изольда и Тристан
(Особое вниманье всем постам)
И в Ашхабаде левый гепатит

Он пьёт магнезию из общего бачка,
Железною цепочкой грохоча,
Пока она читает Отче наш,
Считая дни задержки у врача.
Лечение идёт своей чредой,
И он пока гуляет молодой,
Проводит дни, скучая и дроча

Ефрейтор N., постарше остальных,
Ещё салаг,
Знаток похабных дембельских наук,
Им разливает чёрного вина,
Поскольку помнит не из уставных
Параграфов, а как-то так:
Болезни грязных рук —
Проглоченные пули из говна

Общинный миф и коммунальный ад.
Она же в абортарий, как солдат,
Идёт привычным шагом строевым,
Как обучал недавно военрук
И делает, как доктор прописал.

***

1

...Again they're off for their Afghanistan,
And black roses in Grozny, big as fists,
On the plaza, as they form a square
On their way to being smashed to bits.
When they go to get sworn in,
She flies to give it up to him,
Like a new-fangled Tristan and Isolde
(Special dispatch to all posts)
And there's a strange strain of Hep in Ashkhabad

He drinks magnesia from the common trough,
Making a racket with the metal chain
While she recites Our Father at the doctor's
Counting the days of menstrual delays.
The cure proceeds at its own pace,
And meanwhile he carouses like a boy
Bored and jerking away his days

Corporal N., a bit older then the rest,
Who are still wet behind the ears,
Is an expert in the vulgar furlough arts,
He pours black wine for them,
Remembering, not from the authorized
Sections, but something along these lines:
The diseases of dirty hands are
Swallowed bullets made of shit

Common myth and communal hell.
She's off to the abortion clinic,
Exactly as the doctor has prescribed,
Like a soldier marching the familiar march,
According to the commander's drill.

И там она в кругу своих подруг.
Пугливых стройных ланей и дриад —
Убоина и мясокомбинат.
И персональной воли нет,
А только случай, счастье выживать.

А там в Афгане — пиво по усам,
Узбечки невъебенной красоты
Уздечки расплетали языком.
Их с ветерком катали на броне
И с матерком,
Чтоб сор не выносить вовне,
Перед полком расстреливал потом,
Точней, командовал расстрелом сам
Полковник, — этих, кто волок в кусты,
Кто за косы в кусты волок
И кто насиловал их по кустам,
Афганок лет шестнадцати на вид,
На деле же — двенадцати едва.
Насильникам не больше двадцати.
Родня не узнавала ничего.
И медленно спускался потолок,
Как будто вертолёт, под бабий вой

Теперь они бухают у реки
И вспоминают старые деньки.
И как бы тянет странный холодок
Физическим телам их вопреки.
Теперь любовникам по сорока,
Сказать точнее, мужу и жене.
Ребенку десять, поздно для совка.
Их шрамы отвечают за себя.

Другой такой страны мне не найти.

And there she is, surrounded by her friends,
Slender and skittish fauns and dryads all —
Cattle at an abattoir.
There's no free will,
Just chance, the luck to simply stay alive.

And there in 'Ghanistan were beer-soaked moustaches,
Fucking beautiful Uzbek girls
Unbraiding bridles with their tongues.
They got to ride on armor metal,
Fast and crude.
Later, to keep the whole affair from leaking out,
The colonel himself shot them dead
In front of the regiment — or more precisely,
Had them shot, the ones who dragged
The girls into the bushes by their braids
And those who raped them in the bushes,
The Afghan girls who looked about sixteen,
But weren't any older than twelve, and barely.
The rapists weren't more than twenty.
Their families heard nothing of it.
And the ceiling bore down slowly like
A chopper to the sound of women wailing

Now they're at the river getting soused
And reminiscing about the good old days.
And it's as though a strange chill tugs
Against their corporeal flesh.
Now the lovers are both forty.
Or, more precisely, the husband and the wife.
The kid is ten, they had him late by Soviet standards.
Their scars speak for themselves.

I'll never find another country such as this.

2

История появления этого текста довольно простодушна.

В августе 2001 года я сидела на берегу реки Усманки под Воронежем. Точнее, загорала с подругой; турбаза, тепло, последние дни лета, когда можно плавать. Рядом с нами была компания: муж и жена, их мальчик, мать жены и какой-то человек, которому они вдруг почему-то начали рассказывать историю: как мужчину забирали в армию, а в Грозном была учебка и какие там были розы черные огромные, когда она приехала к нему на присягу, с кулак розы на площади, ты помнишь, какой красивый был город (обращаясь друг к другу)? Потом он заболел желтухой, его почему-то отправили в Ашхабад в госпиталь, и они там пили магнезию кружками, другого лечения не было, а вечером в палате — местное вино.

Зацепило сочетание звуков "розы — Грозный" (разговор шел в годовщину второй чеченской войны). И еще то, что они никак ничего не комментировали, никаких оценок в смысле "просрали страну, негодяи", так, почти с юмором почти про свою жизнь говорили. Я понимаю, что это примерно мои ровесники, раз дальше речь у них пойдет про Афганистан, и тут же достраиваю все медицинские подробности этого времени, которые неплохо знаю по учебе и практике в медицинском институте. Я вижу их шрамы: у мужчины — лапаротомия (скорее всего, по поводу прободной язвы), у женщины — операция по поводу кисты. Видимо, несколько абортов, учитывая социальный статус моих визави, а он определяется и в одних плавках (речь, лица бывших рабочих оборонного предприятия, которые вовремя занялись мелким бизнесом). Советская гинекология: узаконенное крайнее унижение, безумный стыд, казарменный стиль, как и весь советский быт.

2

The story of how this text came to be is simple enough.

In August 2001 I was sitting on the bank of the Usmanka River, near Voronezh. More precisely, I was sunbathing with a girlfriend; a campsite, warm weather, the last days of summer when you could still go swimming. Next to us was a group of people: husband and wife, their son, the wife's mother, and some man, to whom they suddenly, and for no apparent reason, began to tell their story: how the husband was taken by the army, that the training was in Grozny, and the roses there were big and black, the time she went to see him for the swearing in, the roses on the plaza were fist-sized, remember, how beautiful the city was (addressing each other)? Then he came down with jaundice, and was sent to Ashkhabad for some reason, to the hospital, and they drank magnesium by the mug there, no other available treatment, and in the evening, in the ward, they drank local wine.

I was hooked by the combination of sounds in "roses and Grozny" (the conversation was taking place on the second anniversary of the Chechen war). Also by the fact that they made no comments, no judgments along the lines of "they let the country go to shit, the bastards," so it was as though they were speaking about their lives almost lightly, almost with humor. I gathered that they were around my age, because then they talked about Afghanistan, and immediately I began to fill in the medical history of that period in their lives (something I know well from med school). I saw their scars: the man had a laparotomy (most likely for a perforated ulcer). The woman, surgery related to a cyst. Probably several abortions too, taking into account their social status, and you can determine that by the swimming trunks alone (the speech, the faces of former defense industry workers who went into small business at the right moment). Soviet gynecology was the legalization of extreme humiliation and utter shame, all performed barracks-style, like the rest of Soviet existence.

These people's conversation (the systematic execution of the perpe-

Разговор этих людей (показательный расстрел насильников, узбечки-военнослужащие, с которыми трахались солдаты, — все это рассказ мужчины, который не стесняется жены и ребенка, в моем тексте ничего не придумано), весь ход и устройство этого разговора вызывают как бы открытие какой-то форточки во времени, и через эту форточку начинается сквозняк восьмидесятых. Детали, вкус, время на ощупь, все это оставалось только зафиксировать по возможности без искажений. Я начала записывать стихотворение прямо в течение их разговора и закончила на следующий день. Вкус насилия — главное, что я помню об этом времени, этот вкус пронизывал все развлечения, удовольствия, ощущения и чувства, не говоря уж о трудовой деятельности, и этот вкус вполне присутствует в разговоре этих людей, моих ровесников. О чудовищном они говорят вполне обыденно, даже с некоторым оживлением, поскольку это их молодость и они в момент разговора в нее возвращались. Оставалось только правильно сохранить в тексте эту нейтральную интонацию. От себя я записала последнюю строку, которая, конечно же, выражает невыносимую горечь бытия и боль за эту страну, а вовсе не восхищение ею, как померещилось кому-то из читателей.

trators, the Uzbek military girls who the soldiers screwed, all this recounted by the man, not at all self-conscious in front of his wife and child; in my text nothing is invented), the whole course and mechanism of this conversation call for a kind of opening of a window in time, and through this window the draft of the eighties begins to blow. The details, taste, and feel of the time all had to be captured, whenever possible, without distortions. I started to write the poem down right as their conversation was happening and finished it the next day. The sense of violence is the main thing that I remember about this era; this sense penetrated all entertainments, pleasures, sensations and feelings, not to speak of work, and it was fully present in the conversation of these people, my contemporaries. They speak about monstrous things in a rather ordinary way, even with some animation, because it is their youth they are referring to, and in the moment of telling their story they re-enter it. My job was to properly preserve this neutral intonation. The last line I wrote was my own; it of course expresses the intolerable bitterness of life and pain felt toward this country, and not at all an admiration for it, as it has seemed to some readers.

[GT]

(ПАМЯТИ ДЕДА)

Я как солдат приходя с войны говорит жены:
Проверь мне полные карманы набитые ржи
Подай нам полные стаканы налитые ржой
И больше не исчезай

Но я опять уходить должон
Хотя за окнами держится пурга

Я видел дюны и облака и ты не помнила кулака
Поддай огоньку и скажи мне песню про ямщика
Скажи моему старику пускай бережёт
На стадионе уже свистят и слышны хлопки
Мои товарищи у стены

Когда мы двигали зоопарк как за горизонт
Как волейбол, волшебные шахматы, городки
И артиллерия рассказала за всё взахлёб
Я грыз янтарь, а ты казалась за бирюзой

И больше меня не спрашивай, не терзай

Их англичане зарыли в землю по самый лоб,
Забили склеп, положили грудию валуны
Они стояли на своём, отчётливо так видны
Я помню кости, сжатые добела
Я знаю о чём говорю, наложив в штаны,
Пока другие праздновали Берлин.

Я ехал кумом и королём, и мы по третьей нальём
За всех, кто стали гнильём.
А та, что приедет потом с дитём — её прогони,

(IN MEMORY OF GRANDAD)

I'm like the soldier come back from the war says to the wife:
Inspect my full pockets stuffed with rye
Hand us full glasses poured with rye
And don't disappear again

But again I gotta go
Though outside the window the snow storms on

I've seen dunes and clouds, you forgot my fist
Gimme a light and tell me the carriage driver song
Tell my old man he should take care
At the stadium you can already hear the whistles and bangs
My comrades are against the wall

When we moved the zoo beyond the horizon
Like volleyball, magic chess, bowling
And the hungry artillery spelled everything out for what it was
I was gnawing on amber, and you appeared behind turquoise

So don't keep asking questions, stop pestering me

The Englishmen buried them in the ground up to the forehead,
Sealed up the crypt, piled down earth and boulders
They were very distinctly visible, standing their ground,
I remember bones, compressed to whiteness
I know what I'm talking about, I laid a load in my pants
While others were celebrating Berlin.

I've traveled as godfather, traveled as king, so let's pour a third round
In honor of everyone who rots in the ground.
And the woman who'll show up with a kid one day—chase her away,

Но матом не нажимай и мне ничего не скажи,
Поскольку битва шла не только за урожай.

Я как солдат прихожу домой и ни боже мой
Такая стоит надземная тишина
Хоть делай ремонт, хоть смотри в трюмо
Хоть в раме дверной
Накроет оно: кто я здесь и кто здесь он

But don't curse her out, and don't breathe a word of it to me,
Because the battle wasn't only fought for the fruits of the field.

I'm like the soldier come home and my God
Such an unearthly silence hangs in the air
Might as well fix up the house, peer into the glass
Might as well in the door frame
It'll hit you: who am I here and who is he

[GT]

ИЗ ЦИКЛА СЕРЕБРЯНАЯ ПЛЁНКА

* * *

Рабочие кладут асфальт
Патрис Шеро сжигает шерсть
Неимоверная жара
В Москве
Примерно тридцать шесть в тени

Искусство требует вранья
Но это дело не моё
И ты в оранжевом тряпье
Скорее смертник, чем крупье
И ты рабочий, как они

И соискатели сего
Сминают свет
В кофейнях и другой близи
Чем ограничен горизонт?
Какой-то ерундой

Любовникам по сорока
Она проводит мастер-класс
Он отрабатывает блиц
Она — минет во весь экран
Но это не конец
Ещё сработает стоп-кран
В ночном экспрессе злых сердец

FROM **SILVER FILM**

* * *

Workers are laying asphalt
Patrice Chéreau burns up the wooly fur
The heat is incredible
In Moscow
It's 102 in the shade

Art demands lies
But this is no business of mine
And you, decked out in orange rags
More like a man condemned than a croupier
You're a worker, like all the rest

Competitors for this
Make ripples in rays of light
In the coffee houses and neighborhood haunts
What sets a limit to the horizon?
Sheer nonsense

The lovers are both forty
She conducts a master class
He works like there's no tomorrow
She sucks him off in wide screen
But this isn't the end
The emergency brake still works
On the overnight express for angered hearts

Катись отсюда, идиот.
О нет, она не блядь.
Патрис Шеро сгрызает лёд,
И сделано на микшерах
То, что его грызёт

И превращается в мираж
Тотчас же за спиной
Тобой оставленный в слезах
Известный кинозал
Как мир, что вспыхнул и возник
Меж мною и тобой

So roll on out of here, little idiot.
No, she's no whore.
Patrice Chéreau chews on ice
And the sound board repeats
The noise of what's eating him

Right then and there, behind your back
The famous movie house
You left in tears
Turns into a mirage
Like the world that blazed into flame
To come between us

[SS]

***

Близнечный миф. Кузнечный цех.
Не отделяй меня от всех
Как в стаде белую овцу
Явленье чёрному отцу

Не отвращай меня от них,
От честолюбцев и вруних
Пленительных пустых,
От мертвецов и остальных
Блистательных лжецов

Я никогда не изменюсь
Как глупый пёс и страстный лис,
Но сообщи мне общий вкус
Хотя б предательства до слёз,
Please

Яви мне знак, в конце концов,
Пошли мне мессидж для тупых
Я что ли хуже остальных
И девок и мальцов?
И я такой же псих

Автоматический отсев
И алюминиевый снег
И синий свет под дых

***

The myth of twins. The guild of blacksmiths.
Do not rope me off
Like the one white sheep in a herd
The vision that appears to the all-black father

Do not turn me away
From the ambitious men, the lying girls
All captivating and empty,
From the dead and all the rest
With their brilliant falsehoods

I will never change or betray,
Like a stupid dog or ardent fox,
But tell me about the common taste
For treachery so deep it draws tears,
Please

Show me a sign already
Send me an e-mail for the slow-witted
Am I so much worse
Than all the other girls and boys?
I'm every bit as psycho

Automatic siftings
Aluminum snow
Blue light under the breath

[SS]

***

1

Кафка Милене: зачем ты всё это, зачем
Ты лежишь на истлевшем плече
Золотой головою Медузы, не глядя в лицо
Словно ведаешь сложный рецепт
Как от смерти уйти насовсем
Так что лучше молчи

Ты как нервное дерево в теле мужчины растёшь
И тебя приручает растлитель Персей
А потом закрывает глаза и разводит костёр
Из прожжённых бумаг переписки и женских волос и костей

2

Кафка Милене: закрой колени,
Быстрые голени гойки,
И заодно не прикасайся к моим
Розовым языком, бледным огнём и мечом
И не трогай мой член и не трогай мой мозг и не трогай
Известковые лёгкие, каменное средостенье

***

1

Kafka to Milena: Why do you do this, why
Do you lean on my decayed shoulder
Like the gold head of Medusa, not looking into my face
As though you possess the obscure prescription
For walking away from death forever
To be silent is better

You grow in a man's body like a tree of nerves
And Perseus the seducer tames you
And then shuts his eyes and builds a fire
Out of the singed papers of a correspondence and women's
    hair and bones

2

Kafka to Milena: Close your knees,
Those fast gentile shins,
And while you're at it don't touch mine
With your sword, pink tongue, pale fire
And don't touch my thing and don't touch my brain and don't
Touch my limy lungs, my petrified chest cavity

[GT]

ДЖАТАКА О ЖЕНЩИНЕ

*Стихи для Александра Анашевича, который
уже написал текст под таким названием*

1

Йоко Оно записала в дневничке:
Его документы в моём бардачке
Рука на спусковом крючке
Мой палец побывает в его очке
Мы ещё споём с ним караоке
Лет ит би и другие бессмертные строки
В его голове зазвучит Двойной,
Народы пойдут друг на друга войной
Я стану ему и похмельный синдром, и аптека
Одним словом, я хочу видеть этого человека

Она аристократка, красотка и жёлтая обезьяна,
Богиня без единого изъяна.
Она перформерша и пионерка,
Типа теперь Кулик,
За коим навсегда закрыта дверка.
Тем и велик.

Джон Леннон на обороте партитуры
Рисует неприличные карикатуры,
Вовсе не думая о боях,
О предприятии на паях,
Он не читает "Ин. литературы",
К примеру, "Женщину в песках".
Он трахается в носках,
Он типа Моцарт и дитя натуры
Он нахальный плебей, шелудивый кобель,
Молодой воробей, несравненный плейбой,

A WOMAN'S JATAKA

For Aleksandr Anashevich,
author of a text with this title

1

Yoko Ono wrote in her diary:
His i.d. cards are in my glove compartment
A hand fixed on the trigger
My finger paused in that round space
Together we'll still sing some karaoke
Let it be and similar immortal verses
A Double will resound in his head
The nations attack one another in war
I will become his hangover syndrome, his drugstore,
In a word, I must see that man

She is a lady, a beauty and a yellow ape,
A goddess without flaw.
A performance artist and a young pioneer,
Like Kulik today,
They always close the little door behind him.
He's famed for that.

John Lennon draws obscene little pictures
On the back pages of sheet music,
Giving no thought to battle,
To a factory set up as a co-op,
He doesn't read *Foreign Lit*,
Or *Woman in the Dunes*.
He gets laid in his socks,
He's Mozart, he's a child of nature
He's an arrogant plebe, a mangy stud,
A young sparrow, a matchless playboy,

Неизвестный герой, настоящий ковбой,
Он не знает, кто станет его рабой

Это после наступает тишина
После тяжкого портвейна винтом.
Белая рыба его жена,
Дура со вспоротым животом

An unknown hero, a real cowboy,
He hasn't a clue, who will serve him next

Afterwards, quiet descends
After the heavy spiked port-wine.
His wife is a white fish,
A fool with a belly that's been cut open

[SS]

2

Мэри Шелли записала в дневничке:
Моя бабочка запуталась в его сачке
Какая грязь у него на подворотничке
И синяя каёмка под ногтями
Никто не позаботится о нём, о дурачке,
И я одна лишь стану вроде няни

(И жизнь взрастёт небесными корнями)

Он совратит мою сестру
Его пора предать костру
За что он сделал с Каролиной

(Но жизнь оказывалась длинной)

И я б его слепить смогла
Из падали и глины.
И до истерики сначала б довела,
Учитывая хрупкий опыт Каролины

Образовала бы его сперва
И усадила около себя
Писать все эти псевдожуткие слова
Увы, общедоступные всегда,
Давить слезу из гада-буржуа
Вот радовалась бы модная Москва
Сервильная, как автор буратины
(Хотя в Москве его бы точно опустили,
Когда бы не было иных забот,

2

Mary Shelley wrote in her diary:
My butterfly got caught in his net
His collar is covered in filth
There are blue threads under his nails
No one will fuss over him, the little fool,
Still I'm willing to be a kind of nanny

(And life will grow up on its heavenly roots)

He will seduce my sister
It's time to hand him over to the flames
For what he did to Lady Caroline

(But life turned out to be very long)

And I would make a sculpture of him
Out of carrion and clay.
I would first drive him to sheer hysteria,
Considering the fragile experience of Caroline

First I would form him
And put him next to me
To write all these half-horrific words,
Words so accessible, alas,
They could squeeze a tear out of a bourgeois pig
Chic Moscow would be happy
And servile, like the author of Pinocchio
(Although in Moscow he'd surely be sunk,
If there weren't other concerns,

Но кто бы позаботился о стиле
Лет так на семьдесят вперёд?)

Он был, конечно, полным мудаком,
Маньяком с блядским огоньком,
Сказал бы Саша; он желал валетом см–ти
Пристроиться; и ржали косяком
Девицы, как на рок-концерте.

Английский бог, кому, он думал, нахамил,
Смотрел на глупости его сквозь пальцы,
И Мэрин трип, и Каролинин thrill,
Поскольку заплатили постояльцы
За всё что каждый лично заплатил
И шкурки полотно распяливал на пяльцы

But who would worry about style
Some seventy years hence?)

He was, of course, a complete shit,
A madman with the sparkle of a whore,
As Sasha would say; he wanted to get a job
Serving D–th; and girls laughed,
Herding together, like at a rock show.

The English god, whom he insulted,
Ignored his foolishness and fame,
And Mary's trip, and Caroline's *thrill*,
Since the guests together paid
For everything that each had paid for personally
And stretched the canvas skin across its frame

[SS]

3

Марина Малич записала в дневничке:
Вчера опять являлись из ЧК,
Покуда муж читает на толчке
И поправляет очки

Вчера к нему в окно влетели девять голых, что возможно, муз
Он их нанизывал, как стайку бус
Потом они растаяли как облачка,
И я предсказывать судьбу их не берусь

Он научил меня, что трахаться с отцом
Всего ловчей без каблучков
В его оптический прицел
Сквозило абсолютное ничто

Он ждал фашистов словно чудотворства
Немецкаго, но русские восстали,
Как Федоров им завирал
Москва жила по-прежнему и чёрство
Отваливала за Урал

Я знаю, с кем жила, не помню, как жила,
Он помнил за меня любой расклад
И он не спал, светяся и дрожа,
Не как художник, а как мёртвые не спят

Жизнь частную пройдя, ведя её к концу
Я сообщаю частному лицу
Подробности из частной жизни тунеядца,
Подобной воздуху, подобной холодцу
Хрусталика, и я её несу
Со страхом поскользнуться, рассмеяться
И прикоснуться наконец к его лицу

3

Marina Malich wrote in her diary:
Yesterday the Cheka made another appearance,
Because my husband reads on the toilet
And adjusts his glasses

Yesterday, nine naked muses—that's right!—flew in his window
He was stringing them together like a flock of beads
Then they dissolved like little clouds,
And I can't begin to predict their fate

He taught me that screwing father
Is much easier without wearing heels
Absolute nothingness flooded
His optical sight

He awaited the fascists as though a German
Miracle, but the Russians rose up,
As Fedorov assured they would
Moscow lived on as usual and callously
Skidaddled to the Urals

I know with whom I lived, but not *how* I lived,
He remembered all the details for me
He never slept, instead he glowed and quaked,
Not as an artist, but as the dead don't sleep

Having led a private life, leading it toward its conclusion
I inform a private individual
The details of a sponger's private life,
Similar to air, similar to the chill
Of a crystalline lens, and I carry it
In fear of slipping, of bursting out laughing,
And of touching his face at last

[GT]

из РУССКОЙ ВЕРСИИ
(2002-2005)

from **THE RUSSIAN VERSION**
(2002–2005)

* * *

Нежные шизофреники, греби их лопатой,
Больше не хотят наряжаться в моей постели.
Не хотят, не хотят, и больше не могут.
Я не осуждаю их за это.

Я тоже, я тоже скажу, я тоже
Больше не хочу, чтоб меня осуждали,
Точнее, организм больше не может,
Его психопаты

* * *

Gentle schizophrenics, rake them with a shovel,
They don't want to doll up in my bed anymore.
Don't want to, don't want to, and can't anymore.
I don't condemn them.

I'll also, I'll also say, I also
Don't want to be condemned anymore,
More precisely, the organism can't any longer,
Its psychopaths

[GT]

из цикла **РУССКАЯ ВЕРСИЯ (PREVIEW)**

***

Телефон отключила и таблетки пила
С нами крестная сила,
Без обличья пчела.

Несгораемый ящик,
Черепной коробок,
В прошлом спичечный, а в настоящем —
Замыкай проводок

Как давали на водку,
Среди пыльных портьер
Золотую чечётку
Били братья Люмьер

В кристаллическом гриме,
В чистом царстве теней.
Говорят, меланхолия имя?
Летаргия верней.

FROM **THE RUSSIAN VERSION (PREVIEW)**

* * *

I took my pills and turned off the telephone
We are delivered from the devil and all his harm
By a force that moves like a bee, but without form.

Here it is: a fire-proof safe,
The brain box,
It used to hold matches, but now—
Hook up the connectors

Behind the dusty curtains
They gave out chits for vodka,
The Brothers Lumière tapped out
A solid-gold *chechotka*

In grease-paint made of crystals,
In the pure kingdom of shades.
They call this melancholy, do they?
They're wrong. It's sheer lethargy.

[SS]

ЦИФРЫ

Вчера похоронили Серёжу.
Сегодня позвонила Люба, его жена.
Не могла дозвониться.
Брат не выдержал ожидания, сейчас в поезде.
Уже не встретятся.
Похоронили от дома близко, минут семь на машине.
Люба пользуется служебной «Окой»,
Правда, сейчас она сломалась.
На похоронах было человек 100.
Любе тридцать лет, ему было 39.
Три месяца назад они поженились.
Она — его вторая жена, дистрибьютор.
Первая была девушка по вызову, бухгалтер.
Ушла от него, потому что он бросил работу,
Молчал, клеил макеты танков и самолётов.
С Любой они до свадьбы прожили три года,
Были очень хорошей, интеллигентной парой.
Он вернулся на службу, отлично зарабатывал, немного
    авантюрные способы.
В начале девяностых был главным бутлеггером города,
Спирт «Ройял», молдавский кагор, фальшивое шампанское.
Русский бизнес, лихой и беспощадный.
В университете выпускал газету «Женоненавистник»
С картинками из журнала «Плейбой»,
Который привозили английские стажёры.
Обычно она висела у деканата часа два,
Потом вызывали.
Тогда же носил хипповскую причёску до плеч.
Был похож на Ференца Листа.
Обрили гопники ночью в подъезде.

THE NUMBERS

Seriozha was buried yesterday.
His wife Liuba called today.
She couldn't get through before.
His brother didn't wait it out. He's on a train now
But he won't get here in time.
He was buried not far from home, seven minutes by car.
Liuba has a company car, a tiny Oka,
But it doesn't work.
About 100 people came to the burial.
Liuba is thirty years old, he was 39.
They got married three months ago.
She is his second wife, works in distribution.
The first was a bookkeeper by day, a call girl at night.
She left him because he quit his job
And sat silently making models of tanks and airplanes.
He lived with Liuba for three years before the wedding,
They were a lovely, intelligentsia couple.
He went back to work and earned an excellent salary,
    if by somewhat irregular means.
In the early nineties he was the city's biggest bootlegger,
Selling distilled alcohol, Moldavian holy wine, fake champagne.
Your basic Russian business—intrepid and cruel.
He used to publish a student newspaper called *The Misogynist*
With pictures from *Playboy*
Provided by visiting British students.
Usually it stayed on the wall a couple of hours
Before the deans called him in.
In those days he had hair down to his shoulders.
He looked like Franz Lizst.
One night some thugs shaved his head in an alley.

Очень начитанный, очень романтичный, очень ядовитый.

Алкоголик, прекрасный русский язык, дикий темперамент.

Сгорел за три недели: потерял сознание, метастазы в мозг.

Врачи сказали: после сильного стресса.

На свадьбе подрался с братом.

В себя не приходил, не чувствовал боли.

Мой мальчик, моя девочка.

Восемь мечей, семь мечей.

He was well-read, romantic, poisonous.
He was a drunk, with beautiful Russian and a wild temper.
He was gone in just three weeks: he lost consciousness, it spread
    to his brain.
From extreme stress, the doctors said.
At the wedding he had a fistfight with his brother.
He never woke up, never felt the pain.
O my little boy, my little girl.
The eight of swords, the seven of swords.

[SS]

* * *

Сквозь этот радиоджаз и золу,
Чрез этот печальный треск
На лампу, направленную в углу
На жителя этих мест

Лети же, психея, едва дыша,
Крылышки сожига,
Лапки мохнатые не сложа,
Моя дорогая парша.

Какую-то музычку насвистит
Твой друг в европейском сне,
И твой второй в ледяной степи
Вслепую поймает свет.

И местные скажут: засел в запой.
Закрой ему окна крестом,
Залепи ему уши и зоб, Одиссей,
Остались одни глаза.

Сама ему, душенька, что-то спой,
А мы его отвезём.

* * *

Through this radio-jazz and cinder,
Through this melancholy crackle
Fly, psyche, barely breathing
Toward the lamp turned to the corner

Toward the inhabitant of this place,
With your tiny wings ablaze,
Without folding your fuzzy paws,
Fly, my dearest mange.

Your friend whistles some jingle
In a European dream,
And in the frozen steppe your double
Blindly tunes in to the light.

The locals will say: He took to the bottle.
Nail his windows shut with a cross,
Stuff his ears and throat with wax, Odysseus,
Leaving only his eyes.

And you, dear soul, sing him a song,
And we'll cart him off.

[GT]

СТИХИ О РУССКОЙ ПОЭЗИИ

1

Лёгкие фракции письма
Тяжкие фракции письма
Ну а что ты думаешь сама
Чья история тебя потрясла
Или жертва на алтарь ремесла?

Личная сила, как старая шкурка сползла

Просто повезло, мыслю, просто повезло.

2

Как слониха плачет или рожает
На позицию девушка провожает
Как пехота дрожит
Перед танками в оптике исчезает
Восходя как воздух на небеси

Как Державин вертит иссохшей лапкой
Свой куриный мелок,
А Цветаева нанятой прорабкой
Всё глядит в потолок,

Как ломают руки и жмутся в угол,
Как жалеют кукол и любят пугал,
Как решаются замерзать в степи,
Как покойнику гладят лицо, говорят:
                                поспи.

POEMS ABOUT RUSSIAN POETRY

1

Light factions of writing
Heavy factions of writing
And what do you think
Whose story has amazed you
Whose sacrifice on the altar of the craft?

My inner strength has flaked off like an old skin

It's just luck, I think, just luck.

2

How an elephant cow weeping or giving birth
The girl sees the soldier off to the war
How the infantry that trembles in front of tanks
Disappears in the optics
Rises up to the heavens like air

How Derzhavin twirls his chickeny chalk
With a withered paw,
And Tsvetaeva as a hired clerk
Keeps her eyes fixed on the ceiling,

How they wring their hands and squeeze into corners,
How they spare dolls and love scarecrows,
How they dare to freeze in the steppe,
How they caress the face of a corpse and say:
                              get some sleep.

То ли чувства добрые пробуждает,
То ли тащит за волосы в дурдом,
То ль сожителя бедного заражает
Отвращением, яростью и стыдом,

То зубами, как снегом,
          скрипит в падучей,
И за бороду боженьку ухватив,
То ребёнка бьёт, то котёнка мучит
Нараспев на какой-то блатной мотив.

То, фальшивые доллары напечатав,
Как Настасья Филипповна, приколись,
Обнимая мужские колени катов,
Заведёт истерический вокализ.

Как дворянка дворника обожает
И нутро своё барское обнажает
Собираясь высечь и лоб забрить,
А потом как полено его валяет
И немого треплет и умоляет
Человеческим голосом заговорить

Потому что сама не умеет

       3

У мёртвых речи нет. О мёртвых речи нет.
Есть у последнего бомжа,
У осуждённого на жизнь
И ты
В защиту их держи
Любую речь

All this either awakens kindly emotions,
Or drags you to the madhouse by the hair,
Or infects your poor lover
With fury, shame, and despair,

Or it grinds its teeth like snow
              in an epileptic seizure,
And, grabbing god by the beard,
Either beats a kid or tortures a kitten
Singing some kind of thuggish ditty.

Or, having printed counterfeit dollars,
Have a laugh, like Nastasia Filippovna,
Who, embracing the masculine knees of executioners
Starts up a hysterical *vocalise*.

As a noblewoman adores the janitor
And bares her high-class interior to him
While she plans to whip him and get him conscripted,
And then drags him around like timber
Blathering and begging the mute
To start talking with a voice that's human

Because she doesn't know how herself.

3

The dead have no speech. It's not worth speaking of the dead.
Every last bum has it,
And the prisoner condemned to life
And you
Hold forth for their protection
Any speech you can

И так попробуй не обжечь
Прежде всего глаза
А если повезёт,
То бронхи у печей чужих
На кладбищах, где светит вечно мерзлота

4

Когда сворачивается крыша,
Как высохшая краска по железу,
Конешно, страшно
То принц и нищий
В одном плаще
Так много дел на земле кромешной,
А ты рискуешь почти ничем
Своим умишком как коллежский
В шинели колкой на этаже

Какая дивная насмешка
Над путешествующим
Как черепаха

Не мешайся не мешкай
Ещё быстрее
Как свист без петель
Как свет без ветра
Как страсть без тени
Как бешенство
Как шепчет Чёрной курице Алёша

And while you're at it, try not to singe
First and foremost, your eyes
And, if you're lucky,
Your bronchi at strange ovens
At cemeteries where the frozen ground forever shines

4

When your mind starts rolling
Like dried-up paint on iron
Of course it's frightening
You are both prince and pauper
In the same trench coat
So much happening in the pitch-dark world,
And you risk almost nothing
Your little mind is like a clerk
In a scratchy overcoat on a landing

What a stupendous joke
On the one traveling
Like a turtle

Don't meddle don't delay
Go faster
Like a whistle without loops
Like light without wind
Like passion without shade
Like rage
Like Alyosha whispering to the black hen

[GT]

ИЗ ЦИКЛА **РУССКАЯ ВЕРСИЯ**

***

Юдина в кедах и Оден поддатый
Дайте мне орден украденый,
Когда поют зольдаты
Мэтафизической родины.

В раю ли вы? Укрыты ли
Еловыми лапами до самой земли?
Все питерские сироты
Встают по команде "пли!"

FROM **THE RUSSIAN VERSION**

* * *

Yudina in sneakers and Auden smashed,
Decorate me with a stolen medal,
As the soldaten sing
Of the metaphysical motherland.

Are you in paradise? Are you covered
By fir-tree branches from top to bottom?
All of Petersburg's orphans
Rise to the command, "fire!"

[GT]

***

Нету у тебя партнёра.
Некому так некому
С неба свистнуть по-чеченски
Промолчать как часовой

Не по ровному обряду,
А по полю дикому
Отвести тебя в ограду
И сказать: вали, паскуда,
Не оглядывайся, не надо,
Шевелись, пока живой

***

You don't have a true friend.
What is there for you to do
No one to whistle from the sky in Chechen
To keep quiet like a sentry

To escort you to the fence,
Not according to the custom
But over a ragged field,
And say: scram, you piece of filth,
Don't even try to look back,
Get a move on while you're still alive

[GT]

***

Чёрная совесть, червонная совесть,
Честь конокрада, любимого гада.
Ой, та не надо, коханый, не надо,
Ты мне как в горле кость, то есть

Ты мне как в голод Украйны и Ленинграда
Родный мертвец для обеда
Уголино и Страшная месть
То есть отец который спросит за деда:

Тепло ль тебе за спиной Пугачёва,
Доченька, или же до костей
Тебя пробирает местное слово,
Неслыханное до ночных гостей?

* * *

Black conscience, red conscience,
Horse thief's honor, the beloved scoundrel's.
Stop! No more, my love, no more.
You're like a bone in my throat, that's to say,

You're like a dead relative for dinner
During the famine of Ukraine and Leningrad
Like Count Ugolino and the Terrible Vengeance
That's to say, like the father asking on the grandfather's behalf:

Are you keeping warm behind the back of Pugachev,
Dear daughter, or are you pierced through to the bone
By the local tongue,
Never heard until the night guests come?

[GT]

***

Не возвращайся: здесь опять гебня
И пародируется застой.
Не думай про меня
Я человек пустой
Вместилище дерьма, узилище огня
Как дерево в грозу
Как топка для Лазо

Как глиняный сосуд
В руках слепого гончара
Сама себе свой высший суд,
Что бьёт без промаха, стреляет от бедра

Зачем я начала?

Зачем — вчерне — набросок на земле
И эта дума на челе,
Когда весь мир лежит во зле
Да и твоя любовь со дна
Вздымает тонну зла?
И никому сказать нельзя
И самому за базар

И где был стол посмертных яств,
Там больше нет стола.

* * *

Don't return: the KGB is back
And parodies of the stagnation.
Don't think of me
I am an empty soul
A receptacle of filth, a prison cell of fire
Like a tree in a storm
Like the furnace for Lazo

Like a clay vessel
In a blind potter's hands
I am my own supreme judge and executioner,
Who never misses, fires from the hip

But why did I begin?

Why this rough sketch etched into the ground
And this thought so heavy on my brow,
When the whole world lies in darkness
And your love churns up in me
A ton of darkness?
And there's no one I can tell
And I have to mind my business.

And where once stood a table of posthumous delights,
A table stands no more.

[GT]

ИЗ ЦИКЛА ПОДРУГА ПИДОРА

* * *

"Он довольно мил" — цитирует Рита в предисловии к твоей книге
Отзыв твоего переводчика.
Пидоры все-таки бывают совершенно безмозглыми.
Рита тебя никогда не видела,
Но такой точный литератор, как она,
Мог бы выбирать чужие выражения поосторожнее.
Ты вообще-то не мил.
Ты все что угодно, но только не мил.
Сдержан, молчалив, серьезен,
Очарователен, наделен абсолютным вкусом
И фантастическим обаянием,
Живой, остроумный, талантливый, тактичный.
Это до третьей рюмки.
Потом — настоящее чудовище,
Обидчивое, злое, капризное,
Вечно передергивающее карты,
Лживое до мозга кости,
Абсолютно блудливое,
Сашхен и Альхен, светлые глазки.
Из твоей головы являются фантомы
И гонят тебя как лису, как крысу
По городским задворкам, по ледяной грязной воде,
Трогают липкими лапками за лицо,
Сбивают очки.
Кто-то при этом умирает, что-то исчезает.

"Он очень мил" — это стилистическая чушь.
Поэт не может быть мил.
Ему с трудом удается скрывать

FROM THE QUEER'S GIRLFRIEND

* * *

"He's nice enough," writes Rita in the introduction to your book.
She's quoting your translator.
Queers can be so unbelievably witless.
Rita has never laid eyes on you,
But she's a very precise critic: she
Could have chosen her words with more care.
You are certainly not nice.
Whatever else you are, you aren't nice.
Restrained, silent, serious,
Charming, blessed with perfect taste.
You are a pleasure to be around,
Lively, smart, talented, tactful.
Until you down the third shot-glass, that is.
Then you're a monster,
Resentful, mean, wildly uneven,
Forever stacking the deck,
Dishonest to the bone,
Utterly lecherous.
You're a rogue out of a novel, batting your eyes.
Phantoms spring from your mind
And run you around like a fox or a rat
Through back alleys, over icy, filthy water,
They touch your face with their sticky little paws,
Knocking your glasses off.
Amid it all, someone dies, something disappears.

"He's very nice." What stylistic nonsense.
A poet cannot be nice.
A poet barely manages to hide

Похмельную дрожь, тяжелую похоть,
Абсолютный эгоизм,
Трусость и склонность к предательству.
Ты-то у нас не трус.
Подраться там, устроить скандал.
Кто бы ожидал от этого милого мальчика.
Никто и не ожидал.
Все просто охуели.

Ты нуждаешься в любви как шлюховатая блондинка,
Любви должно быть много, никто из любовников не должен
    тебя бросить
Ты будешь биться за них до последнего,
Держаться зубами
Ты не можешь привыкнуть к старению
Карнавал пидарасов
Пидор должен быть гением, иначе это кошмар
Он должен быть лучше всех.
Пазолини, Висконти,
Микельанхело,Варгола,
Манн, Оден, Пруст.
Бриттен, Рихтер.
Это не твой список.
Никого вертлявого, с неприятной страстью к переодеванию,
С неопрятной страстью к театру,
Типа Уайльд, Нижинский, Харитонов.
Сойдемся на Фассбиндере, на Балсара.

У всех был неприятный характер.
Покойники не одобрили бы твои манеры.
Что ты валяешься как убитый?
Что ты тащищься с кислым лицом на службу?
Что ты клеишь какого-то идиота?
Почему до сих пор живешь с дураками?

The trembling hangovers, the overwhelming lust,
The absolute egotism,
The cowardice and tendency toward betrayal.
But you're no coward.
Who'd expect from this nice young man
Such quickness to fight, to make a scene.
No one would have guessed.
They were fucking shocked.

You're needy in love, like a blond whore,
You want love in great doses, and no lover must ever leave you,
You'll fight for them to the last,
Hang on by a thread
You can't face the thought of aging
It's a carnival of faggots
A queer has to be a genius, otherwise it's a nightmare
He has to be better than everyone.
Pasolini, Visconti,
Michelangelo, Warhol,
Mann, Auden, Proust,
Britten, Richter.
That's not your list.
No one so restless, with an unpleasant passion for costume
And an unclean passion for the theater,
The likes of Wilde, Nijinsky, Kharitonov.
Let's agree to Fassbinder, to Freddie Mercury.

They all had unpleasant personalities.
These dead men would not have approved of your manners.
Why are you lying around like a deadman?
Why are you dragging yourself to work with that pathetic face?
Why are you picking up some idiot?
Why are you still living with assholes?

Ты предаешь меня, ты меня убиваешь.
Я не оставлю тебя, не дам
Пожить твоей сладенькой жалкой жизнью,
Не надейся.

You are betraying me, you're killing me.
I will not leave you, will not
Let you go off and live your sweet, pathetic little life,
Don't even think about it.

[SS]

* * *

Мне надоело заботиться о великой русской поэзии.
Все романы рано или поздно кончаются,
Особенно когда оба женаты или живут в разных городах.
Устаешь в одиночку наводить порядок,
Поддерживать спортивную форму, постригать газоны,
Вовремя поливать цветы.
Теперь не надо ни о чем беспокоиться.
Те, кого ты хотел, о ком плакал ночами,
К ним ты сделался равнодушен.
(Они приезжают в город,
Встреча должна состояться
Силами общих приятелей и сослуживцев.
Нет, не пойду, все равно.
Странно: тебе действительно все равно.)

Теперь можно не полировать до блеска
Не устраивать косметические сеансы
Не пудрить покойника
Не ретушировать
Не заниматься упаковочным дизайном
И директ-мейлом.

Можно отнести на помойку
Или в христианский приют для малолетних преступниц
Все чешские журналы конца семидесятых,
Которые объясняли
Местному утонченному эстету и снобу,
Что такое красота по-американски,
По-фински, по-японски, по-французски.
Все лучшее — детям.

* * *

I'm tired of worrying about Great Russian Poetry.
All romances come to an end sooner or later,
Especially when the lovers are both married or live far apart.
It's exhausting to try to keep things in order when you're alone,
To stay in shape and keep the grass mowed,
To remember to water the plants.
Now there's nothing to take care of.
The ones you wanted so badly, that you cried for at night,
Now leave you cold.
(They can come to town for a visit,
A get-together is all arranged
By mutual acquaintances and people from work.
But no, I will not go, I just don't care.
It's strange: you really do not care.)

So now it's okay not to polish and shine
Not to make appointments for cosmetic improvement
Not to powder the face of the corpse
Not to retouch
Not to bother with the packaging design
And the direct mail appeal.

Time to take those Czech journals from the late seventies
Out to the trash
Or to some religious refuge for errant girls
They explained
The meaning of beauty American-style,
Or Finnish-, Japanese-, or French-style,
To local rarified aesthetes and snobs.
"We give the best of everything to our children."

Все-таки в юности человек должен видеть
Вменяемые картинки,
А не Путина и Шнура
В версии русского гламура,
Который читаешь из любопытства,
А выбрасываешь из брезгливости.

Можно говорить то, что на самом деле думаешь,
А не то, чего требует великая русская поэзия
Или понимание тех сложных обстоятельств,
Которые помешали твоему сожителю
Прийти вовремя, позвонить из вытрезвителя,
Купить аспирин и лимоны,
Когда у тебя тридцать девять, а дома никого нет.

Still, a young person ought to see
Photos of exemplary men
And not Putin and Shnur
In a glossy magazine version
That you read out of curiosity
Then toss with scorn.

Now you can say what you actually think,
And not what Great Russian Poetry demands,
Nor your understanding of the circumstances
That stopped your drunken lover
From coming home on time or calling from the holding cell,
Or buying aspirin and lemons
When you had a high fever, and were at home alone.

[SS]

НОВЫЕ СТИХИ

NEW POEMS

НЕОЖИДАННОЕ ПИСЬМО

1

Как алавастровый сосуд
Как совершенную беду
Твоим светящимся лицом
Я на тебя смотрю
И голову твою несу
На железнодорожном льду
Невыносимую тоску
Заклясть я не смогу
Но лишь возможно на ходу
Взять за руку, поцеловать
И кисть и пальцы и стопу
Запястье и сустав
И засыпать как лепесток
Почти что до смерти заспав

2

Она прекрасная как блядь
Она кошмарная как сон
И нежная как смертный грех
И каменная как орех
И лёгкая как смысл и свет
И сладостная как цветок
И страшная как куст
Неопалимый и пожар
Стеной идущий на восток,
Изблёванная мной из уст

UNEXPECTED LETTER

1

Like an alabaster vase
Like utter disaster
With your glowing face
I look at you
And carry your head
On the railroad ice
I can't swear off
Unbearable longing
But if I move quickly
I can grab hold of your hand, kiss
The palm, the fingers, the sole,
The wrist, the joint
And fall asleep like a petal
Nearly having smothered you

2

She's as magnificent as a whore
She's as terrible as a dream
And as tender as mortal sin
As stony as a nut
As weightless as sense and light
As lovely as a flower
As frightening as a bush
That cannot burn and as a blaze
That moves like a wall toward the east,
Vomited up by my lips

3

В его руках и она сама,
И каждая строка,
Как неожиданное письмо,
Полученное издалека

Он только видит, что в ней идёт
Непостоянный Господень ток,
То вспыхнет, то снова пропадёт,
Не угасая никогда

3

In his hands he holds her,
And every line of verse she wrote,
Like an unexpected letter,
Arrived from far away

He only sees that through her moves
The erratic current of the Lord,
Which flares and disappears again,
But never dies away

[GT]

ИЗ ЦИКЛА **ЛЕСНОЙ ЦАРЬ**

* * *

1

Кто скачет, кто мчится под хладною мглой
Кармический воин с под-сердцем иглой
Говорит: доченька, я довольно злой,
Но ты меня не бойся

       Я ходил по Дону, ходил по Донцу,
       Подойди к отцу, расскажи отцу:
       Пусть он туда не ходит

У меня были молния, металл и вода,
Медные провода, небесные невода
И подлёдные реки

       Не бежи волчицей, прижми жопу
       К горячему снегу, не стучи хвостом
       По наледи, блядь
       Со мной уже ничего не случится
       Ничего не трогай, запри дверь

FROM THE FOREST KING

* * *

> 1

Who gallops, who races beneath the cold murk
A kharmic warrior with an under-heart spike
He says: dear daughter, I'm fairly irate,
But don't be afraid

> I wandered the Don, I wandered the Donets,
> Go to your father, tell your father this:
> He'd better not go there

I used to have lightning, metal, water,
Bronze wires, heavenly nets
And subglacial rivers

> Don't race as a she-wolf, press your ass
> Toward the hot snow, don't knock your tail
> Against the ice-crust, you whore
> Nothing will happen to me anymore
> Don't touch anything, lock the door

2

Я гнал скотину, начался дождь,
Ударила молния, разбила дерево,
Обломился сук, оборвался провод,
Упал и ударил меня

        Стояла жена за стеною дождя
        Нашла меня в яме с глубокой водой
        Налетела буря, ничего не видать,
        Ходили искать всем селом

Я похоронен на нашем кладбище
Рядом с твоей бабкой Авдотьей Петровной
Там теперь много жёлтых синих и красных цветов
Ты же знаешь

2

I was driving the cattle, it began to rain,
Lightning struck, splitting a tree,
A bough broke off, a wire snapped,
Fell and hit me

      My wife stood behind a wall of rain
      She found me in a deep ditch of water
      A storm blew in, couldn't see a thing,
      The whole village went out searching

I am buried in our cemetery
Next to your granny Avdotya Petrovna
Many yellow blue and red flowers grow there now
But you already know that

[GT]

***

    три души у меня болело

одна бегала не спала
другая себя вела
как дурочка;
третья, вдали ведома,
платком махала

    восемь душ поднялись с асфальта

когда я упала
посреди Тверской, посреди столицы
на закате раннего марта
восемь душ собрались в сердечную линзу
которая плавилась и горела
и сияла как Леонардо
на Тверской напротив Почтамта
спиною к Кремлю

***

  three of my souls ached

one ran around sleeplessly
another behaved
like a little fool;
the third waved her scarf
in the distance

  eight souls rose from the asphalt

when I collapsed
in the middle of Tverskaya, in the middle of the capital
at the dawn of early March
eight souls gathered into the heart lens
which melted and burned
and glowed like a Leonardo
on Tverskaya across from the Post Office
its back to the Kremlin

      [GT]

***

     Эти восемь пуль из страны слабоуносимых

Голоса из земли слабовесомых
Доносятся из-за моря
Она хохочет
Как бы это сказать точнее
Её видения уплотнились
                  и дошли до
. . . .

     Кто эти люди, кто эти люди в чёрном
Почему они так прозрачны
                зачем я их вижу
почему не плачу
и не боюсь
     как в детстве

***

    These eight bullets are from the country of heavyweights

Voices from the land of underweights
Carry from beyond the sea
She rolls with laughter
How to say this more clearly
Her visions solidified
                  and reached as far as
. . . .

      Who are these people, who are these people in black
Why are they so transparent
        why do I see them
why am I not crying
and scared
      like when I was a child

[GT]

***

       Голоса оставили Жанну в темнице

Может быть, они не проникали сквозь камни
Или узница стала им неинтересна?
Может быть, у неё лопнули барабанные перепонки
После пыток?
Может быть, она свихнулась от боли?

       Голоса оставили Жанну в покое.
Только собственный визг она слышала
                   только жалобный вой
Повторяла: я жаба я жаба я жаба

     Над бездной

* * *

                The voices left Joan in the dungeon

Perhaps they didn't penetrate the stones
Or they lost interest in the prisoner?
Perhaps her eardrums burst
After the tortures?
Maybe she went crazy from the pain?

                The voices left Joan in peace.
She heard only her own wail
                        only the pitiful howl
Kept saying: I'm a toad I'm a toad I'm a toad

                    Above the chasm

[GT]

***

…Я ездила с одним таким
по чёрным улицам Москвы
была жара, и был закрытый чёрный лимузин
он был одетый как бандит,
потом слегка полураздет
он клал мне руку на живот
и говорил: ха-ха

                на плечи мне слетал орёл
                и грудь мою когтил
                народ смотрел на наш роман,
                как будто мы народ

потом мы шли в подземный зал,
где каменные зеркала,
где бил фонтан, и он сидел
и пил и брал на понт
и расставался так легко
и что-то говорил

                и у него был пятачок,
                как бы Татьянин сон

и я отправила его
на фронт, на фронт

***

...I rode around with one of those
along Moscow's black avenues
it was hot, and there was a sealed black limousine
he was dressed like a gangster,
then very slightly half-undressed
he lay his hand onto my belly
and then he said: ha ha

        an eagle swooped down on my shoulders
        and clawed at my breast
        the masses watched this whole affair
        as though we were the masses

then we went into an underground hall
where there were stony mirrors,
a fountain pulsed and he sat down
and drank and struck his poses
and parted ways so easily
saying something or other

        and he had a piglet snout
        like in Tatiana's dream

and I sent him on his way
to the war, to the war

[GT]

***

См–ть приходила ко мне и стояла близко —
                              говорит мой брат
Она шутила как Персефона с яблоками,
                              лгала, была шутиха
То ли ждала, чтобы я разозлился
Я испугался, подумал: спокойно, товарищ, спокойно,
                              у нас ещё всё под контролем.
Мой человек назавтра разбился.

В церкви стояли рядом два гроба
Он и шофёр
Плакали матери жёны и дети
Два лба подошли и шутили грубо
                          как она в моём сне
Но я не сделал им обрезанья

***

D-th would come to me and stand real close—
                              my brother says
She joked around like Persephone with her apples,
                              told lies, was a real joker,
Maybe she was expecting me to get angry
I got scared and thought: comrade, be calm,
                              everything's under control for now.
The next day one of my men was killed in a car wreck.

Two coffins stood side by side in the church
His and the chauffeur's
Mothers wives and children wept
Two thugs walked up and made rude jokes
                            like she did in my dream
But I didn't perform a circumcision

[GT]

***

Старый Кузмин несгибаемый
                     в холод совецкий
будет чирикать как ласточка
                     в холод собачий
возле причала
            чертить чертежи

кто нам расскажет, что мир возвращается в славе
что воскресают покойники в смену с живыми
словно рубахами братья — телами навырост
словно крестами товарищи
за перегон обгоняя
как на плотах и болидах команду меняя
— старый Гомер несгибаемый, мёртвый Боян,
                сумасшедший слепой Мандельштам?

кто нам расскажет, что мир расцветает как ветка
вишни, черешни, черёмухи, яблони, сливы
что поднимаются мёртвые, будучи живы,
                как ангелы славы?

    — раненый Боратынский, горячий Державин, сухой Ломоносов
    и Пушкин, Пушкин, конечно

* * *

Old Kuzmin the unbendable
                      in the Soviet cold
will chirp like a sparrow
                      in the bitter cold
draft drafts
              next to the pier

who will tell us that the world returns in glory
the dead rise to take the place of the living
brothers with bodies to grow into like overshirts
like comrades exchanging crosses
like cars overtaking each other
like the change of command on rafts and bolides—
old Homer, unbendable, that dead Boyan,
                      that crazy blind man Mandelstam?

who will tell us that the world blooms like the branch of the cherry tree,
the bing cherry, the bird cherry, the apple tree, the plum tree
that the dead are rising, are alive,
                      like angels of glory?

  —wounded Boratynsky, hot Derzhavin, dry Lomonosov
and of course Pushkin, Pushkin

[GT]

ИЗ ЦИКЛА ЧЕРНЫЕ КОСТЮМЫ

СОЛНЦЕ

Они стояли рядом, близко, очень близко
От них пахло дорогим одеколоном
Загорелые — то ли солярий,
То ли только что с моря.
В черных костюмах, как итальянцы, хорошо пошитых
Улыбались вежливо
И быстро смотрели по сторонам
Коротко говорили друг другу: там, на машине —
Станешь спиной, закроешь.
Они достали
Длинные блестящие ножи, как в кинофильмах
Девяностых — Тарантино? Такеши Китано?
Они достали, короче, свои ножички
И сказали: если ты ее не оставишь,
Будет плохо. И улыбались.
Они стояли плотно.
Я чуял запах
Их кожи, их одеколонов, они явно читают
Журнал «GQ», возможно, «Эсквайр»,
Возможно, прочтут
Какое-нибудь интервью со мною. Возможно,
Потом скажут друг другу: чувак, да этот тот парень,
Которого мы прикололи,
Вот смеху, чувак.
С интонациями переводчиков американских фильмов.

FROM BLACK SUITS

SUN

They stood nearby, very close to me
They smelled of expensive cologne
They were tan—fresh from the tanning salon
Or from the beach.
They wore black suits, well-made, like Italians
They smiled politely
Quickly glancing from side to side
They spoke to each other succinctly: over there, in the car,
You stand there, block the way.
They took out
Long gleaming knives like in movies
From the nineties—Tarantino? Takeshi Kitano?
In short, they took out their knives
And said: If you don't stay away from her
You'll be sorry. And they smiled.
They crowded in.
I could smell the scent
Of their skin, their cologne, they obviously read
GQ, possibly *Esquire*,
Maybe sometime they'll read
One of my interviews. Maybe
They'll say to one another: hey man, that's the guy
That we cut up,
What a hoot, man.
Sounding like the voices in dubbed American movies.

Наверху были мои девчонки.
Почему-то я сказал, что выйду первым
И подожду их внизу.
Там уже меня ждали
В черных итальянских костюмах
Двигались под ярким солнцем,
Как танцоры в балете
Короче, ты ее оставишь, понял?
Я сказал: отойдем, здесь моя дочь, не надо.
Они сказали: да мы уже все сказали.
И ушли. Сели в машину и отвалили.

Мои девочки спустились.
Мы сели в машину и уехали.

Позже я рассказал женам,
Первой, которая тогда была со мною,
И второй, из-за которой
Состоялся этот балет,
Уточнив, что бросать ее не намерен.

My girls were upstairs.
I don't remember why, but I said I'd leave first
And wait downstairs.
They were already there, waiting for me
In black Italian suits
They moved in the bright sun,
Like dancers in a ballet
Listen here, you're going to stay away from her, got it?
I said: not in front of my daughter, let's talk somewhere else.
And they said: We've got nothing more to say.
And left. Got in their car and took off.

My girls came downstairs.
We got in the car and drove away.

Later I told my wives about it,
The first, who was with me at the time,
And the second, who was the cause
Of this whole ballet.
But first I made it clear that I had no intention of leaving her.

[GT]

БАНДИТСКАЯ СВАДЬБА В РИГЕ

Было яркое солнце в конце июня.
Мы с Леней и пианистом Вадимом Сахаровым,
По прозвищу Птица,
Гуляли перед концертом за Домской площадью
(Они играли Пьяццоллу,
Марию де Буэнос Айрес)

Навстерчу
Медленно двигалась группа плотных парней
В черных костюмах, белых рубашках и солнечных очках
В цветных оправах: красных, желтых и зеленых,
Как клоуны.
В жару
Они были в плотных черных костюмах
Хорошо пошитых, двубортных и однобортных.

И невеста
Как положено, в белом воздушном платье и фате,
И рядом с ней жених, один из этих, в черных костюмах,
Но выделялся одною странной деталью:
Правая штанина была подвернута
Над белой, почти белой, свежевыструганой деревянной ногой,

Он шел на липовом костыле,
Как медведь из сказки, скырлы-скырлы,
На ярком-ярком солнце
Словно кадры из фильма Феллини,

A GANGSTER WEDDING IN RIGA

The sun was bright at the end of June.
I was walking with Lenny and the pianist Vadim Sakharov,
Nicknamed "Bird," taking a stroll
Behind Cathedral Square before going to a concert
(They were putting on Piazzolla's
Maria de Buenos Aires)

Coming toward us
Was a slow-moving group of heavy-set guys
In black suits, white shirts and sunglasses
With colored frames: red, yellow and green
Like clowns.
In the heat,
they wore heavy black suits
Well-made, single- and double-breasted.

And the bride
Was properly attired in a frothy white dress and a veil,
And next to her was the groom, one of those guys in black suits,
But he was set apart by one peculiar detail:
His right pant leg was rolled up
Exposing a white, nearly white, freshly carved wooden leg,

He was walking on a lime-wood crutch,
Hobble-hobble, like a fairy tale bear
In the bright, bright sun
Just like something out of a film by Fellini

Такеши Китано,
Они надвигались
И прошли как мираж,
Улыбаясь
Как солнечный удар.

Через триста метров
Мы оказались на набережной, мы смотрели
На предзакатную речную воду,
Она текла так медленно, так спокойно

И в ней вниз лицом
Лежала утопленница

Ее обнаружили
Двое местных, но сомневались,
Вызывать ли полицию
К тому же у них не было мобильника,
Позвонили по моему

Полиция приехала почти мгновенно
Но мы успели
Разглядеть ее черные туфли
И колоколом пеструю юбку
До колена
Только лица было не увидать

Она лежала ничком,
Колыхаясь на волнах, как в русской
Страшной сказке или песне
О васильках и об Оле
Гибнущей от любви

Or Takeshi Kitano,
They moved toward us
And passed like a mirage,
Smiling,
Like sun stroke.

We walked a few hundred feet
And found ourselves by the river, we were looking
At the dusky river water,
It flowed so slowly and gently

There was a drowned woman
Floating face down

Two locals found her,
They weren't sure
About calling the police
And they didn't have a cell phone,
So they used mine

The police arrived almost immediately
But we had time
To get a good look at her black shoes
And her colorful A-line
Knee-length skirt
Only her face wasn't visible

She was lying face down
Rocking on the waves, like something out of a terrifying Russian
Fairy tale or the song
About cornflowers and Olya
Who perished from love

[GT]

ЛЕНА И ЛЮДИ

Продавщица ночного магазина
В котором я часто покупаю еду и напитки
(Ненавижу слово напитки),
Поскольку поздно возвращаюсь с работы,
Как-то сказала: я вас видела по телевизору
По каналу культура
Мне понравилось, что вы говорили
Вы поэт? Принесите почитать книжку.
Я обязательно верну.
Я говорю: у меня сейчас нет лишнего экземпляра,
Но как только появится,
Обязательно принесу.

На самом деле я не была уверена,
Что ей понравится.
Удивительное актерское блядское
Стремление нравиться,
Которое пропало после Сашиной см–ти,
Но тайно вернулось.

Как-то у меня действительно появился лишний
Экземпляр "Русской версии"
Поэт же должен заботиться
О распространении
Издатели, скажу вам, недостаточно заботятся.
Я отдала. Прямо при покупке еды и напитков.
(Кефир на утро, один джин-тоник, второй джин-тоник,
Потом еще водочки,
И прощай, жестокий мир,
Как пересказывал
Львовский разговор двух нижегородских подростков.
Я безусловно остаюсь провинциальный подросток.)

LENA, OR THE POET AND THE PEOPLE

There's a clerk in the all-night store
Where I stop after work
To buy food and drinks
(I hate that word, *drinks*).
One time she said to me, "I saw you on TV
On the culture channel
I liked what you were saying.
Are you a poet? Let me read your book.
I'll give it back, I promise."
I say, "I don't have a spare copy right now,
But when I get one,
I promise I'll bring it to you."

I wasn't at all sure
She'd like the poems.
That actor's urge to be liked
Is astonishing, whorish,
It disappeared after Sasha d–d,
But now it secretly returned.

Eventually an extra copy of my book
The Russian Version turned up
A poet has to get involved
Distributing books, after all
Publishers don't do much on this front.
I handed it over. Right there, as I was paying for the food and drinks.
(Kefir for in the morning, one gin and tonic, a second gin and tonic,
Plus a little vodka,
And farewell, cruel world,
To quote Lvovsky's version
Of two Nizhny Novgorod boys' conversation.
No question, I remain a provincial teenager.)

Оказалось, мы с Леной тезки.
Ненавижу слово тезки
И еще ненавижу слово контачить
Оно вызывает у меня физиологические спазмы
Возможно, потому,
Что за ним мне мерещится коитус и фачить,
А я люблю чистую бескомпромиссную еблю.
Я же сам себе свой высший суд.

Подпишите, — говорит.
Елене, пишу, от Елены.
Отдаю со страхом.
Несколько дней не смотрит в глаза.
Потом как-то народу не было,
Говорит: ну, прочитала я вашу книжку.
Ничего не понятно.
Слишком много имен и фамилий, которых никто не знает.
Такое чувство, что вы пишете
Для узкого круга. Для компании. Для тусовки.
Кто эти люди, кто эти люди, Елена?
Которых вы называете поименно?
Я дала почитать двум своим подругам,
Одна имеет отношение к литературе.
Они реагировали так же:
Это для узкого круга.

Я говорю: а про Тихона Задонского
Тоже непонятно?
Она говорит: нет, про Тихона понятно.
Я говорю: а про Сережу-алкоголика — непонятно?
Она говорит: понятно.
Я говорю: а статьи — тоже непонятно?
Нет, проза, говорит, понятно,
Я даже захотела почитать подробнее

It turned out that Lena and I were namesakes.
I hate that word, *namesakes*
And even more I hate the word *connect*
It arouses physiological spasms in me
Possibly because
The word has echoes of *coitus* and *sex*,
But I prefer fucking, pure and simple.
After all, I am my own highest judge.

"Could you autograph it," she says.
To Elena, I write, *from Elena*.
I hand it over nervously.
For a few days she doesn't look me in the eye.
Then one day there aren't many other people,
She says, "So, I read your book.
I didn't understand a word of it.
Too many names of people no one knows.
I had the feeling that you write
For a narrow circle. For friends. For an in-group.
Who are these people, who are they, Elena?
The ones you name?
I gave it to my girlfriends to read,
One of them knows a little bit about literature.
She felt the same way:
It's for a narrow circle."

I say, "Well, the part about St. Tikhon of Zadonsk,
You didn't get that?"
She says, "No, I got the part about Tikhon."
I say, "What about Seryozha the drunk, did you get that?"
She says, "I got that."
I say, "And the essays, you didn't get them?"
"I got the prose," she says.
"I even wanted to read more

Об этих людях, о которых вы пишете.
Лена, говорю, поверьте, я не специально.
Я не хочу, чтобы было непонятно.
Просто так само получается.
Она смотрит на меня с сочувствием
Говорит: понимаю.
Я продолжаю оправдываться: знаете,
Я пишу довольно много статей,
И если вам в этих, в книжке, уже понятно,
То и в других, наверное, было бы тоже?
Она говорит: понимаю.
Ну, вам два пива и сигареты с ментолом?
Да, говорю, Лена, пожалуйста,
Я буду работать над собой.
Шарик вернулся, он голубой.
Видите, уже появилась рифма.

Зачем я хочу, чтобы она поняла?
Зачем я хочу оправдаться?
Откуда это чувство вороватой неловкости?
Забытое
Что, хочу ей понравиться?
Хочу быть любимой народом,
Как пианист Воденников?
Провожу чистый социокультурный эксперимент,
Как Д.А. Пригов?
Я эксперимент его памяти
Уже проводила
На выборах короля поэтов
В Политехническом
(Читала антипутинский стишок
На фестивале, спонсируемом Администрацией Президента.
Такой чистой волны ледяной ненависти,

About the people you were writing about."
So I say, "Lena, believe me, I didn't do it on purpose.
I don't want it to be hard to figure out.
It just turns out that way."
She looks at me sympathetically
And says, "Okay."
I keep on justifying myself, "You know,
I write plenty of articles,
And if you understand the ones in the book,
Then you'd get the other ones too, right?"
She says, "Okay, I get it.
So, do you want two beers and menthol cigarettes?"
"Yes," I say, "Lena,
I'm going to work on myself.
The balloon came back, a sign of wealth.
Look, that's almost a rhyme."

Why in the world do I care if she gets it?
Why am I trying to justify myself?
Why do I have this furtive sense of unease?
This forgotten
Wish that she like me?
Do I want to be loved by the people,
Like Vodennikov (poet or pianist)?
Am I conducting a purely socio-cultural experiment
Like D. A. Prigov?
I already conducted one experiment
In his memory
At the election of a king of poets
At the Polytechnic Institute
(I read an anti-Putin ditty
At a festival sponsored by his Administration.
The pure wave of icy hatred

Которая исходила от зала,
Заполненного студентами провинциальных театральных вузов,
Я не чувствовала никогда.
Это хороший опыт.)

Я же всегда говорила:
Нельзя показывать
Свои стихи детям и родителям
Рабочим и крестьянам
Надо показывать фабрики и заводы,
Бедным — чужие проблемы, богатым тоже
Я же
Показываю работу родной речи
В стране природных ресурсов
Никого не наебываю,
Как поэтесса Джохан Поллыева

Это, видимо, немыслимая претензия
И самозванство
Нет, верно возмущался папа,
Когда прочел в моем подростковом дневнике:
Я притворяться б не хотела,
Что я такая же как все —
Ты что, считаешь себя лучше других?
Вопрошал он со страстью,
Граничащей с садомазо.
Мне было пятнадцать
У меня была первая депрессия
Родители не заметили
Я не привыкла жаловаться
И привлекать к себе внимание

Я не считаю себя лучше

That rushed at me from the audience—
Students from provincial theater institutes—
Was more than I had felt in a lifetime.
That's a useful experiment.)

I always used to say:
Never show your poems
To your children or relatives
To workers or peasants
Instead, show factories and production plants,
To the poor—other people's problems, to the rich as well
But I
Show the work of native speech
In a country of natural resources
I am not fucking anyone over,
Like that poetess, Jokhan Pollyeva

Obviously, this is an unthinkable claim
And an illegitimate assertion of power
My father was right to be angry
When he read in my adolescent diary:
I would not want to pretend
That I am the same as everyone else.
("What, do you think you're above the rest?"
He asked me with a passion
That bordered on sado-masochism.)
I was fifteen
And depressed for the first time
My parents didn't notice a thing
I wasn't a complainer
And wasn't used to asking for attention

I don't think I'm better

Моя претензия круче
Я считаю себя другим, другой, другими
Как в кино с таким названьем
С Николь Кидман в главной роли

Я не понимаю, зачем накануне
Нового Года
Люди бегают в поисках елки
И подарков
И этот дурацкий обычай
Дожидаться
Речи Президента по телеку
А потом выпивать и закусывать

Этот Новый год
Я встречала
В поезде москва-воронеж
С китайскими рабочими
У них год крысы наступает в феврале
И они легли спать в одиннадцать
И я с ними заснула
В отличие от привычки
Засыпать в четыре

Я люблю заглядывать
В освещенные окна
Там живут аквариумные рыбки
В своих водорослях
Все это ужасно интересно
Но я не понимаю как это устроено
Кто придумал
Пить шампанское
В Метрополитен-опера?

My claim is tougher than that
I think I'm different—male, female, other, the others
Like in the movie by that name
With Nicole Kidman in the lead

I don't get why
On New Year's Eve
People run around looking for a tree
And for gifts
I don't get the dumb tradition
Of waiting around
For the President's speech on TV
Before the drinking and eating

I spent this New Year's Eve
On a train
From Moscow to Voronezh
With Chinese workers
Their Year of the Rat begins in February
And they went to sleep at eleven
And I fell asleep with them
As opposed to my usual habit
Of staying up until four

I like to look into
Windows all lit up
Aquarium fish
Live there among the seaweed
This is all terribly interesting
But I do not understand how it works
Who thought up the idea
Of drinking champagne
At the Metropolitan Opera?

На другой стороне земли
Все могло быть иначе

Короче
Не могу больше притворяться
Иду домой и думаю:
Кто она, Лена,
Продавщица ночного магазина
Лет пятидесяти, крупная, в очках
Я люблю слово крупная
Она такая полная, высокая и не рыхлая
Крепкая такая крашеная блондинка
Которая смотрит канал культура
Когда не работает сутки
Иногда выходя покурить на крылечко
Пошутить с охраной
Кем она работала в прошлой жизни?
Инженер? Библиотекарь?
Не забыть спросить в следующий раз,
Если у нее будет не слишком много народу

Ну и, конечно, она права:
Это сложный текст,
Даже когда он притворяется простым,
Как сейчас

On the other side of the world
It could have been entirely otherwise

In short
I can't pretend any longer
I walk home thinking:
Who is she, this Lena,
A clerk in an all-night store
Heavyset, fifty years old, with glasses
I love the word *heavyset*
She is plump, not all flabby, tall
A solid bleached blonde
She watches the Culture channel
When she's not working around the clock
Coming out to smoke on the stoop
And joke with the security guard
Who was she in that previous life?
An engineer? A librarian?
I have to remember to ask next time
If there aren't too many people around

And of course, she's right:
It's a complicated text,
Even when it pretends to be simple,
Like now

[SS]

ЛЕНА И ЛЕНА

1

Лена едет в Белград
На свидание к любовнику,
С которым познакомилась в Сараево
Прямо в аэропорту.
Они гуляют по Калимегдану
Смотрят фотовыставку
Обедают на Дунае
В рыбном ресторане
Не доезжая Земуна
Немного раздражаются:
Такси не сразу приходит

Город хорош в сентябре в центре для прогулок
Не видно следов бомбардировок
Видно стремление в Евросоюз

Легкие лодки на Саве и Дунае
Легкие футболки на молодежи
Балканские ночи горячее парижских,
Как поют музыканты Скадарлии.
Народ до утра гуляет.

Ночью соседи слушают их любовные крики.
Они втайне гордятся собой,
Своей смелостью, этим приключением
Они ведь уже не дети

Она держится за батарею
И видит внутренний дворик
Из окна спальной

LENA AND LENA

1

Lena is going to Belgrade
To see her lover,
The one she met in Sarajevo
Right in the airport.
They walk around in Kalemegdan
Look at a photo exhibit
Eat in a fish restaurant
On the banks of the Danube
Almost out in Zemun
They end up a little irritated, waiting:
The taxi doesn't come right away

The center is good for long walks in September
You can't see the effects of the bombings
But you can see the hope of joining the EU

Light boats on the Danube and the Sava
Light t-shirts on young people
Nights in the Balkans are hotter than in Paris,
So sing the musicians on Skadarlija.
People are out all night.

The neighbors hear their lovemaking at night.
They're secretly proud of themselves,
Of their boldness, of this dalliance
They're not children after all

She holds on to the radiator
And sees the courtyard outside
From the bedroom window

Она держится за подлокотники кресла
И видит улицу Краля Петра
Из окна гостиной
Пока многократно кончает
(Он берет ее сзади)

Он работает в Красном Кресте
Она в международной правозащитной организации
Познакомились на таможне
Пока паспорта задержали
Они слушают Генсбура и Биркин
И трахаются под *Je t'aime*

Они довольно много говорят о работе
Но это мало что значит
Они довольно много говорят о детстве
Но и это мало что значит
Они много говорят о прошлом:
Почему у нее нет детей? Почему она не замужем?
Почему она похоронила мужа?
Почему он был гомосексуалом?
Кто была его первая женщина?
Как он потерял среднего ребенка на пляже в Тель-Авиве
И потом нашел его с полицейскими и чуть не сошел с ума в эти
    полчаса?
Как он жил в восемнадцать лет
В Киеве в общежитии для иностранных студентов
Отправленный в Советский Союз,
Как один из лучших учеников своей Палестины?
Как он заканчивал аспирантуру в Питере
Кто была его первая женщина в России
И как его потом женили дома родители?

She holds on to the armchair
And sees Petr Král Street
From the hotel window
As she climaxes again and again
(He takes her from behind)

He works at the Red Cross
She's at an international human rights organization
They first met in Customs
While waiting for their passports
They listen to Gainsbourg and Birkin
And have sex to *Je t'aime*

They talk quite a lot about work
But it doesn't mean much
They talk quite a lot about childhood
But this doesn't mean much, either
They talk a lot about the past:
Why didn't she have children? Why isn't she married?
Why did her husband die?
Why was he homosexual?
Who was his first woman?
How he lost his middle child on a Tel Aviv beach
Then found him with the police, nearly losing his mind in that
    half hour.
How he lived in Kiev when he was eighteen
In a dormitory for foreign students
He was sent to the Soviet Union
As one of the best students in Palestine
How he finished graduate school in Leningrad
Who was his first woman in Russia
And how his parents later married him off at home.

Как у них было раздельное обучение в школе
И с девушками они встретились только в старших классах
Как его отец-торговец до конца жизни переписывался с
   англичанкой
Три года назад он умер

Иногда она плачет.
Один раз за неделю он напился.
Из Шереметьево она привезла ему маленькую русскую водку.
Его алкогольная эрекция была лучше не бывает.

Он держит ее за коленки
Пока они едут из аэропорта
До чуждого дома
Расписывается за чек у таксиста
Пригодится для отчета в конторе
Не может попасть ключом в двери
Чужого подъезда, съемной квартиры
Обсуждали место по мейлу
И говорит: прости, руки трясутся, так ты меня волнуешь

Бегает за розами на перекресток,
Забыл купить накануне,
Пока она распаковывается, оглядывается
В просторной солнечной двухкомнатной
Начала сентября
С прихожей и кухней
Снимает сложные свои сережки
Надевает для жары шелковое бежевое
Отправляется в душ

How they had separate education at his school
Meeting up with girls only in the upper classes
How his merchant father corresponded with an Englishwoman
Right up until the end of his life
He died three years ago

Sometimes she cries.
Once in that week he got drunk.
She had brought him a little bottle of Russian vodka from Sheremetyevo.
His alcohol-induced erection was beyond belief.

He has his hands on her knees
When they ride in from the airport
To a stranger's home
He signs the receipt in the taxi
It will come in handy when it's time to file the report
He can't get the key into the doors
It's an unfamiliar entry, a rented apartment
They had discussed the place on e-mail
And he says, I'm sorry, my hands are shaking, you really get to me

He runs out for roses at the corner,
Forgot to buy them the night before,
While she unpacks, looks around
The spacious, sunny two-room apartment
It's the beginning of September
There's an entryway and a kitchen
She takes off her delicate earrings
Puts on her light beige silk
Goes off to the shower

Эти розы пахнут далеко и небольно
Стоят недолго
Довольно быстро увядают,
Раньше, чем она успевает уехать

Она его сразу в плечо быстро целует
Он ненамного выше
Когда встречает
Когда он не успевает снять ее на мобильник
Когда она проходит таможню

Он начинает учить французский
Он нужен ему для карьеры
Но вообще они говорят по-английски
На неродном языке для обоих.

Несколько раз она жалеет, что приехала:
Когда он отказывается от презерватива
Когда в первый раз слишком быстро кончает
Когда признается, что у него жена и трое детей
Когда выясняется, что это его последняя командировка
    на Балканы

Он очень умен
У него военный опыт
И опыт международных переговоров
Он детский врач
Работал в Израиле, Англии, Грузии
Он очень дипломатичен
И очень нежен
Тот рисунок личности и поведения,
Что она как-то во тьме захотела

The roses smell painlessly and from afar
They don't last long
They wilt soon enough,
Even before she can depart

She gives him a quick kiss on the shoulder
He's just barely taller
When he meets her plane
When he doesn't quite snap her picture with his phone
When she is going through customs

He is starting to learn French
He needs it for his job
But mostly they speak English
A foreign language to them both.

A couple of times she regrets being here:
When he refuses to use a condom
When he comes too fast the first time
When he confesses that he has a wife and three children
When she learns that this is his last trip to the Balkans

He's very smart
He has military experience
And experience with international negotiations
He's a children's doctor
Worked in Israel, England, Georgia
He's very diplomatic
And very tender
That type of personality and behavior
That she dimly longed for

Только лицо его перекашивает
Когда он слышит иврит
И самоуверенный смех носителей языка
За соседним столиком
И еще у него довольно плохой вкус
Она не хочет это обсуждать
Просто кое-что ему советует

Он привез ей блядское красное платье
И целует ее в вырез груди
Когда с ней танцует
В гостиной
Под *Lady in Red*
И ведет ее в спальню
И расстегивает молнию на спине

Ебля, чистая ебля до синих огней
Как инструмент познания

Они ведут себя как пара туристов
Покупают ему рубашки, ей прелестный летний костюмчик
Несколько сувениров
Обедают в хороших ресторанах
Готовят друг другу завтраки
Пьют кофе в постели
Слушают музыку
Смотрят *Леди Гамильтон* на дивиди
У них устанавливается хороший ровный секс.
Они смеются,
Если что-то не получается.
Она говорит:
Мы не герои порнофильмов
Давай немного отдохнем
И давай ты будешь делать это немного нежнее

But his face wrenches out of shape
When he hears Hebrew
And hears their self-confident laughter of its native speakers
At the next table
Also he has truly terrible taste
She doesn't want to go into it
But just to gives him a few tips

He brought her a whorish red dress
And kisses her through the slit in the breast
When they dance
In the living room
To *Lady in Red*
And leads her into the bedroom
And undoes the zipper down her back

Fucking, pure fucking until you see stars
As an instrument of cognition

They act like a couple of tourists
They buy him some shirts, her a cute summer outfit
A few souvenirs
They eat in good restaurants
Make each other breakfast
Drink coffee in bed
Listen to music
Watch a DVD of *Lady Hamilton*
They settle into good, smooth sex.
They laugh
If something isn't working.
She says:
We're not characters in a porn flick
So, let's rest a little
And let's have you do that a little more gently

Он едет провожать ее в аэропорт
У таксиста звучит *Bésame Mucho*
По дороге у нее начинаются месячные
Он покупает ей прокладки в аптеке аэропорта

И когда она пересекает первую линию контроля
И оборачивается
То видит,
Что он
С гордостью показывает ее какому-то
Случайному человеку
Это объяснимо:
Она на десять лет моложе
И совсем неплохо выглядит
Особенно издалека

2

Лена едет в Венгрию
Принимать химиотерапию.
В Москве она обнаружила
Маленький узел подмышкой.
Оказалось, это серьезнее, чем она думала.

Она работала продюсером
Международной телекомпании в Ираке

Муж Лены
Менеджер гостиниц и ресторанов
Скромный парень, немного знает русский,
Учил в школе.

He goes with her to the airport
The taxi driver is listening to *Bésame Mucho*
On the way she gets her period
He buys her pads in the airport drugstore

And when she crosses the first security gate
And turns around
She sees
That he
Is pointing her out proudly
To some man he just met
It's understandable:
She's ten years younger
And not at all bad-looking
Especially at a distance

2

Lena is going to Hungary
For chemotherapy treatments.
In Moscow she found
A small lump in her armpit.
It turned out to be more serious than she thought.

She was working as a producer
For an international television network in Iraq

Lena's husband
Is a hotel and restaurant manager
A modest guy, knows a little Russian
Studied it in school.

Он работал в Дубае
Она съездила, посмотрела и отказалась:
Там нечего делать, только работать,
Но не слависту и репортеру,
А мусульманской женой она быть не хотела.
Он вернулся в Белград
Его с удовольствием взяли с таким резюме
Ее принимают как королеву
В любом ресторане Скадарлии
Везде ей почет и уваженье,
Как хозяйке
Но она держится очень скромно

Лена и Лена идут на выставку
Подарков товарищу Тито
В бывшем Дворце молодежи
По совету Бориса.
Невероятно смеются.
Лена вспоминает,
Что на последней демонстрации,
Когда она была югославской пионеркой,
На ней были фиолетовые кеды с Бэтменом

Когда рядом с нею упала бомба
Она подумала: не может быть
Бомбы падали в Белграде,
И тогда я знала их промысел.
А в этой чужой стране
С этой высокомерной американкой
Репортершей
С этой дурой
Которая ничего не понимает
Глупо было бы умереть

He was working in Dubai
She came to visit, had a look, but said no:
There's nothing to do there, just work,
Nothing for a Slavist or reporter,
She didn't want a woman's life by Islam's rules
He went back to Belgrade
With that resume, they were glad to hire him
She's received like a queen
In any restaurant in Skadarlija
Everywhere, all deference and respect
For her, the boss's wife
But she carries herself modestly

Lena and Lena are going to the exhibit
Of gifts bestowed on Comrade Tito
In the former Palace of Youth
This was Boris's suggestion.
They laugh themselves silly.
Lena remembers
How at the last parade
When she was a Pioneer in Yugoslavia
She was wearing purple sneaks with a Batman emblem

When a bomb fell right next to her
She thought: this cannot be.
Bombs fell in Belgrade,
But then I knew where they were from.
But now in this strange country
With this arrogant American woman
A reporter
With this idiot
Who understands nothing
It would be stupid to die here

Она вернулась в Белград, вернулась к профессии слависта
Переводила обериутов
Дневник Кандинского

Когда она поняла,
Что ей нужен настоящий мужчина,
Она его встретила
В киноклубе.
Их познакомили друзья.

Наша свадьба, Лена говорит, на Дунае и Саве
Была совсем в нашем вкусе:
Много цветов, и оба мы были в белом
Приехал мой брат, с которым Андрей работал

Но знаешь, когда я заболела
И проходила химиотерапию
Брат совсем не мог со мной говорить
Он сейчас работает в Сараево, в правительстве

Лена рассказывает
Эту историю своему любовнику
Из Красного Креста.
Он не комментирует.
Просто говорит: она сейчас прекрасно выглядит
У нее чудесно отросли волосы
Лена и сама это видит

Лена вернулась из Венгрии
Химиотерапия там дешевле
Врачи говорят в Белграде:
Стойкая ремиссия, не сомневайтесь
Лена выглядит много лучше, чем полгода назад:

She went back to Belgrade, returned to her work as a Slavist
She was translating the Oberiu writers
Kandinsky's diary

When it dawned on her
That she needed a real man
She met him
At an art house movie theater.
Friends introduced them.

Our wedding, Lena says, was on the Danube and Sava Rivers,
Just like we always wanted:
Lots of flowers, we were both in white
My brother came, the one Andrei worked with,

But you know, when I got sick
And getting chemo
My brother couldn't talk to me
He works in Sarajevo now, in the government

Lena is telling this story
To her lover
From the Red Cross
He has no comment.
But he says: she looks wonderful now
Her hair has grown back
Lena herself sees this

Lena returned from Hungary
Chemotherapy is cheaper there
The Belgrade doctors' assessment:
Complete remission, have no fear
Lena looks a lot better than six months ago:

Волосы отросли, почти такая
Красотка-брюнетка, как раньше.

У его дочки в Канаде лимфома
Принимает кортикостероиды
Показывает фото:
Юная красавица
На мусульманской свадьбе

Лена и Лена встречаются на перекрестке,
Одном из самых оживленных в Белграде.
Пьют кофе.
Быстро посылают смс о любви и погоде Андрею
И идут на кафедру к Нелли.
Белградские девушки
Прекрасно одеты.
У них серьги и кольца и браслеты
И маленькие черные платья
И маленькие черные каблучки,
Даже когда у них визит к онкологу

Лену ждет любовник
Лену ждет муж
Они прощаются на углу с каким-то странным чувством:
Надежды? Приязни?
Любви, у которой нет голоса,
Он перехвачен?

В бывшей Юге много онкологии
После войны
Все пьют кофе вместе
В Сараево и Белграде
И не вспоминают,

Her hair has grown back, she's almost
The same brunette beauty as before.

His daughter in Canada has lymphoma
And is taking a course of steroids
He shows a picture:
A young beauty
At a Muslim wedding

Lena and Lena meet at the corner,
One of the busiest in Belgrade
They have coffee.
They text Andrei about the weather, send love
And go to the university to see Nelly.
Belgrade girls
Dress beautifully.
They wear earrings and rings and bracelets
And little black dresses
And little black heels,
Even when they're going to see the oncologist

Lena's lover is waiting
Lena's husband is waiting
They say good-bye on the corner with a strange feeling:
Hope? Good will?
Unspoken love
That catches in the throat?

In former Yugo there is a lot of oncology
After the war
Everyone drinks coffee together
In Sarajevo and Belgrade
And they don't remember

Что оно было.
И недавно пошел поезд
Между обеих столиц.

За что в Сараево до сих пор не любят Кустурицу:
Стыдно покинуть город, который любишь.
И неважно, кто по национальности
Твои мама и папа.
И его первый сценарист,
Главный поэт Боснии
Старый, надменный и задыхающийся
От эмфиземы, горного воздуха, от сигарет и кофе
Бескомпромиссный антисоветчик
Одутловатый Абдула Сидран,
Вообще не хочет о нем говорить
Но с удовольствием рассказывает о лагере,
В котором сидел его отец.

В России идет снег
Медленно, как в аквариуме.
Я не сплю, смотрю за окно
На голые белые деревья

Я помню эту историю
Так отчетливо, как кино
Как если бы она была не со мною

How it was.
Not long ago a train
Started to run between the two capitals.

Why they still don't like Kusturica in Sarajevo:
It's shameful to leave the city you love.
Doesn't matter what nationality
Your mama and papa are.
And his first screenwriter,
The biggest poet in Bosnia,
Old, proud, short of breath
From emphysema, thin mountain air, cigarettes, and coffee
An uncompromising anti-Soviet
Puffy old Abdullah Sidran,
He won't speak about him
But he's eager to talk about the camp
Where they sent his father.

In Russia it's snowing
Slowly, like in an aquarium.
I can't sleep, I look out the window
At the bare white trees

I remember this story
So vividly, like a movie
Like it happened to someone else.

[SS]

NOTES TO THE TEXT

"I am a half-wit..." <10-11>

Fyodor Sologub (1863-1927), a Russian *fin-de-siècle* poet, playwright, and fiction writer.

Frida's Album <17-19>

Frida Kahlo (1907-1954), Mexican artist. Many of the images of this poem come from her paintings.

"Do you remember how you wept..." <21-23>

Suok is the name of the circus tightrope walker in Yuri Olesha's popular 1927 novel, *Three Fat Men*.

Lutèce was the Roman city on the ruins of which Paris was built in 360 A.D.

From the Letters of ATD <31-32>

ATD stand for Arkadii Dragomoshchenko (1946-), Russian poet associated with the Russian Meta-Realist movement and with American Language poetry.

Land of the Dead <35-39>

Panni is Ukrainian for Madame or respected woman.

Andrei Tarkovsky (1932-1986), celebrated Russian filmmaker.

(The Italics Are Mine) <45-47>

The title of this poem comes from the memoirs of Nina Berberova, *The Italics Are Mine*. Berberova was the wife of the poet Vladislav Khodasevich, also mentioned in the poem.

Boris Poplavsky, like Berberova and Khodasevich, lived in emigration after the Russian Revolution. Poplavsky became a drug addict and died of an overdose in 1935.

(Freud and Korczak) <49-51>

The title *Why War?* was given to an exchange of letters between Freud and Einstein in 1933.

Janusz Korczak (1877-1942) was the pen name of Polish pediatrician and children's author. He refused to abandon the Jewish children under his care in a Warsaw ghetto orphanage when they were taken by the Nazis for extermination and died with them in the concentration camps.

"...Again they're off for their Afghanistan" <53-59>

Ashkhabad (or Ashgabat) is the capital of Turkmenistan. It was founded in 1881 as a Russian military fort.

Grozny is the capital city of the Russian Republic of Chechnya.

"Workers are laying asphalt..." <65-67>

Patrice Chéreau (1944-), a French theater and opera director and filmmaker. The pornographic scene in the poem refers to Chéreau's film, *Intimacy* (2001).

"*Kafka to Milena...*" <71>

Milena Jesenská (1896-1944) was a Czech writer, journalist and translator with whom the writer Franz Kafka had an intense and intimate correspondence from 1920-1923. She was arrested for anti-Nazi writings by the Gestapo in 1939 and died in the Ravensbruck concentration camp in 1944.

A Woman's Jataka <73-81>

Jataka—a tale about the Buddha's rebirth. [E.F.]

The cycle is dedicated to Alexander Anashevich (1971-), a poet and dramatist living in Voronezh.

The line "I must see that man" is a quotation from Sergei Esenin's dramatic poem *Pugachev* (1922). It is spoken three times by an eventual member of Pugachev's band of rebels, Khlopusha. For more on the Pugachev uprising, see the notes to "Black conscience, red conscience..." below.

Oleg Kulik (1961-), a contemporary performance artist.

Mary Shelley (1979-1851), author of *Frankenstein*, was married to the Romantic poet Percy Bysshe Shelley, close friend of Lord Byron.

Lady Caroline Lamb (1785-1828) had a stormy affair with Byron in 1812; Lady Caroline was the cousin of Byron's wife. The poem also refers to Shelley's sister, probably meaning not her half-sister Fanny Imlay, but Claire Clairmont (1798-1879), her step-sister, who also had an affair with Byron.

Marina Malich (1909-2002) was the wife of the Russian writer and eccentric Daniil Kharms (1905-1942). Malich was evacuated from Leningrad during the Blockade where she nearly starved to death. She was later captured by German forces and brought to Berlin. She escaped to Paris at the very end of the war. She lived most of the rest of her life in Venezuela and died in Atlanta, Georgia.

"I took my pills and turned off the telephone..." <87>

Auguste (1862-1954) and Louis (1864-1948) Lumière, filmmaking pioneers.

The Numbers <89-91>

The last line refers to tarot cards, and also quotes a poem by Alexander Anashevich that uses that line as the poem's title, in his book *Fragments of the Kingdom* (2002).

Poems About Russian Poetry <95-99>

Nastasia Filipovna is the principal heroine of Fyodor Dostoevsky's novel, *The Idiot*.

Alyosha is the main character of Antony Pogorelsky's children's book, *The Little Black Hen*.

"Yudina in sneakers and Auden smashed..." <101>

Maria Yudina (1899-1970), a celebrated Russian pianist. In spite of being an open opponent to the Communist regime, she was one of Stalin's favorite musicians.

"Black conscience, red conscience..." <105>

Count Ugolino (1220-1289) was head of the powerful della Gherardesca family of Pisa. In *The Inferno*, Dante placed Ugolino in the ninth circle of hell for committing treason against his country. He chews on the head of his betrayer Ruggieri, the archbishop of Pisa.

The Terrible Vengeance is the title of a short prose work by Nikolai Gogol. It involves incest and patricide.

Emelyan Pugachev (1740-1775) was a pretender to the Russian throne who led the Cossack rebellion against Catherine II in 1773-1774. The rebellion was crushed in 1774. Pugachev was executed in Moscow by being publicly quartered.

"Don't return: the KGB is back..." <107>

Sergey Lazo (1894-1920) was a Communist revolutionary leader during the October Revolution in Russia. Shortly after the Bolsheviks captured Vladivostok in 1920, Lazo and other Bolshevik leaders were arrested by the Japanese. It is believed that they were executed and burned in the steam engine of a train.

The last two lines of the poem refer to a poem by Gavrila Derzhavin (see below), in which, "where a bountiful table stood, there is a coffin now."

"'He's nice enough,' writes Rita..." <109-113>

The "rogue out of a novel" is identified in the Russian original as Sashkhen and Alkhen, well-known to Russian readers of Ilf and Petrov's *The Twelve Chairs*.

The poem refers to a number of gay cultural figures: the filmmakers Piers Pasolini, Luchino Visconti, and Rainer Werner Fassbinder, the artists Michelangelo and Andy Warhol, the writers Thomas Mann, Marcel Proust, Oscar Wilde, Evgeny Kharitonov, the poet W. H. Auden, the composer Benjamin Britten, the classical pianist Sviatoslav Richter, and the rock star Freddie Mercury.

"I'm tired of worrying..." <115-117>

Shnur is the stage name of Sergei Shnurov (1973-), a rock musician best known for his work with the group *Leningrad*.

"Who gallops, who races..." <125>

The first lines of the poem evoke Vasily Zhukovsky's (1783-1852) famous Russian translation of Goethe's "The Elf King."

The river Don flows through central Russia to the Sea of Azov.

The Donets is a tributary of the Don river.

"three of my souls ached" <129>

Tverskaya is one of the main streets in Moscow.

"...I rode around with one of those..." <135>

Tatiana is the heroine of Alexander Pushkin's *Eugene Onegin*.

"Old Kuzmin the unbendable..." <139>

"Old Kuzmin" is a reference to the Russian poet, prose writer and playwright, Mikhail Kuzmin (1872-1936).

Boyan, a bard who served in the court of Yaroslav the Wise, is known mainly for his appearance in the epic tale, *The Lay of Igor's Campaign*.

Osip Mandelstam (1891-1938) is widely considered to be Russia's greatest modernist poet.

Yevgeny Boratynsky (Baratynsky) (1800-1844) was a poet admired by Alexander Pushkin.

Gavrila Derzhavin (1743-1816) is considered the greatest Russian poet before Alexander Pushkin.

Mikhail Lomonosov (1711-1765), scientist, writer and poet, founder of Moscow State University and reformer of the Russian language.

The line "Pushkin, Pushkin..." is a reference to a poem by Mikhail Kuzmin (see above), which is also quoted by her contemporary, Aleksandr Skidan.

Sun <141-143>

Takeshi Kitano (1947-), highly acclaimed Japanese actor and filmmaker. Kitano's gritty and violent films about Yakuza gangsters are referenced in this poem.

Lena, or The Poet and the People <149-159>

Stanislav Lvovsky (1972-) is a Moscow poet, translator, and prose writer.

Nizhny Novgorod is a provincial Russian City, northeast of Moscow. During the Soviet era it was called Gorky.

"I am my own highest judge"—Fanailova is quoting a line from Alexander Pushkin's 1830 sonnet "To the Poet." Fanailova also echoes the line in "Don't return: the KGB is back" above.

"The balloon came back, it's a sign of wealth" comes from a song by the popular bard Bulat Okudzhava (1924-1997). The original words are: "The balloon came back, it's blue," changed in translation to produce a near rhyme.

Dmitry Vodennikov (1968-) is a Moscow poet, and author of a review of Fanailova's poetry that referred to her as "a pianist." [*Vzgliad*: http://vz.ru/culture/2008/7/9/185215.html]

Dmitri Alexandrovich Prigov (1940-2007) was a premier Moscow poet and performance artist, whose work extended to visual arts and sculpture.

Jokhan Pollyeva is a staff member in the highest levels of the current Russian government. She worked closely with Vladimir Putin as a member of his cabinet. She is also widely known as a songwriter and performer of pop music.

Lena and Lena <160-179>

"Lena and Lena" appeared in Russian in an earlier version in the journal *Zerkalo* in 2010. This translation, which first appeared in *Jacket2*, is based on a revised text provided by the poet.

ACKNOWLEDGMENTS

The publisher wishes to express special gratitude to CEC Artslink for the support of this translation in its beginning stages, to the New York State Council on the Arts for continued support of the Eastern European Poets Series, and to the National Endowment for the Arts for additional funding for this book.

We are grateful to the periodicals and anthologies where earlier versions of some of the translations in this volume first appeared: *Aufgabe, Jacket, Modern Poetry in Translation, Zoland Review*; *An Anthology of Contemporary Russian Women Poets* (University of Iowa Press, 2005) and *Contemporary Russian Poetry: An Anthology* (Dalkey Archive, 2008).

***

I am personally grateful to Roman Turovsky and Sophia Turovsky for invaluable assistance in translating the poems in this book. I thank Eugene Ostashevsky for his help and insight and Matvei Yankelevich for his keen editorial eye and patience. And thanks to Willis Sparks, for everything.

—GENYA TUROVSKAYA

My thanks to Genya Turovskaya, Matvei Yankelevich, and to Elena Fanailova for suggestions and corrections in the translations. Earlier suggestions by Peter Golub and Jim Kates are incorporated as well, with gratitude.

—STEPHANIE SANDLER

ABOUT THE AUTHORS

ELENA FANAILOVA is the author of eight books of poetry. Her poems have been translated into ten languages; in English translation they have been anthologized in *Contemporary Russian Poetry* (Dalkey Archive, 2008), *The Anthology of Contemporary Russian Women Poets* (University of Iowa Press, 2005), and *Crossing Centuries: the New Generation of Russian Poetry* (Talisman House, 2000). She has received the Andrei Bely Award (1999), the Moscow Score Award (2003), and the *Znamya* award (2008). In 2013, she was awarded a fellowship in Rome by Joseph Brodsky Memorial Fund. A book in Italian translation, *Lena and the People*, was published in Rome in 2015, translated and edited by Claudia Skandura. *The Russian Version* (Ugly Duckling Presse, 2009), her first book in English translation, received the 2010 Best Translated Book Award from Three Percent.

Born in Voronezh, in central Russia, Fanailova majored in linguistics at Voronezh State University and studied medicine at the Voronezh Medical Institute. She has worked as a doctor, a university professor, and a journalist. At Radio Liberty, Fanailova was the host of the radio program *Far from Moscow* where she covered a broad range of topics, from the Beslan siege to new Russian prose. In recent years, her journalism has been focused on Central Europe and the Balkans. From 2012 to 2018 she traveled extensively in Ukraine interviewing Ukrainian intellectuals for Radio Liberty. She lives in Moscow.

ALEKSANDR SKIDAN, born in Leningrad in 1965, has published five poetry collections in Russian, one of which was awarded the 2006 Andrei Bely Prize. An award-winning essayist, Skidan has published four books of essays (*Critical Mass, The Resistance to/of Poetry, Summation of a Poetics*, and *Theses Toward the Politicization of Art and Other Texts*), as well as a novel. He translates American and European literary theory and American poetry. He is a member of the art and activist collective *Chto Delat'?* and a co-editor of the *New Literary Observer*. His first book in English translation, *Red Shifting*, was published in 2008 by Ugly Duckling Presse. He lives in St. Petersburg.

ABOUT THE TRANSLATORS

STEPHANIE SANDLER is Ernest E. Monrad Professor and Chair of Slavic Languages and Literatures at Harvard University, where she also co-chairs the Rethinking Translation Seminar at the Mahindra Humanities Center. She is a co-author of *A History of Russian Literature* (Oxford). Her translations of Elena Shvarts, Alexandra Petrova, Mara Malanova, Fedor Svarovsky, and other contemporary Russian poets have appeared in anthologies and journals, and she was a translator and co-editor of Olga Sedakova, *In Praise of Poetry* (Open Letter).

GENYA TUROVSKAYA is a poet, translator, and psychotherapist. She is the author of *The Breathing Body Of This Thought* (Black Square Editions), as well as the chapbooks *Calendar* (UDP), *The Tides* (Octopus Books), *New Year's Day* (Octopus Books), and *Dear Jenny* (Supermachine). Her poetry and translations of contemporary Russian poets have appeared in *A Public Space, Asymptote, Chicago Review, Conjunctions, Fence, jubilat, Octopus, PEN Poetry, Sangam Poetry, Seedings, The Elephants*, and other publications. She is the translator of Aleksandr Skidan's *Red Shifting* (UDP) and co-translator of Arkadii Dragomoshchenko's *Endarkenment: Selected Poems* (Wesleyan).

THE RUSSIAN VERSION BY ELENA FANAILOVA
SECOND EDITION, 2019

NUMBER 18 IN THE EASTERN EUROPEAN POETS SERIES
FROM UGLY DUCKLING PRESSE

THE FIRST EDITION WAS PUBLISHED IN 2009
IN AN EDITION OF 1,250 COPIES

THIS FIRST PRINTING OF THE SECOND EDITION
IS LIMITED TO 600 COPIES

DESIGN BY DON'T LOOK NOW!
TEXT SET IN MINION
TITLES SET IN LUCIDA GRANDE

COVERS PRINTED LETTERPRESS ON OXFORD PAPER
BY UGLY DUCKLING PRESSE
USING POLYMER PLATES FROM BOXCAR PRESS

BOOKS PRINTED ON ACID-FREE, PARTIALLY RECYCLED PAPER
AND BOUND BY MCNAUGHTON AND GUNN

TO SEE OUR FULL CATALOG, SUBSCRIBE, OR PLACE AN ORDER
VISIT WWW.UGLYDUCKLINGPRESSE.ORG

SELECTED TITLES FROM THE EASTERN EUROPEAN POETS SERIES /UDP

The Gray Notebook | Alexander Vvedensky
Attention and Man | Ilya Bernstein
Calendar | Genya Turovskaya
Poker | Tomaž Šalamun
Fifty Drops of Blood | Dmitri Prigov
Catalogue of Comedic Novelties | Lev Rubinstein
The Blue Notebook | Daniil Kharms
Sun on a Knee | Tone Škrjanec
Less Than a Meter | Mikhail Aizenberg
Chinese Sun | Arkadii Dragomoshchenko
Iterature | Eugene Ostashevsky
The Song of Igor's Campaign | Bill Johnston, tr.
Do Not Awaken Them With Hammers | Lidija Dimkovska
Paper Children | Mariana Marin
The Drug of Art | Ivan Blatný
Red Shifting | Alexander Skidan
As It Turned Out | Dmitri Golynko
The Russian Version | Elena Fanailova
Dreaming Escape | Valentina Saraçini
The Life and Opinions of DJ Spinoza | Eugene Ostashevsky
What Do You Want | Marina Temkina
Parrot on a Motorcycle | Vítězslav Nezval
Look Back, Look Ahead | Srečko Kosovel
Thirty-Five New Pages | Lev Rubinstein
On the Tracks of Wild Game | Tomaž Šalamun
It's No Good | Kirill Medvedev
I Live I See | Vsevolod Nekrasov
A Science Not for the Earth | Yevgeny Baratynsky
The Compleat Catalogue of Comedic Novelties | Lev Rubinstein
Blood Makes Me Faint But I Go for It | Natalie Lyalin
Morse, My Deaf Friend | Miloš Djurdjević
What We Saw from This Mountain | Vladimir Aristov
Hit Parade: The Orbita Group | Kevin Platt, ed.
Written in the Dark: Five Poets in the Siege of Leningrad | Polina Barskova, ed.
Elementary Poetry | Andrei Monastyrski
Kholin 66: Diaries and Poems | Igor Kholin
Letter to the Amazon | Marina Tsvetaeva
Moss & Silver | Jure Detela
Gestures | Artis Ostups
Alphabet for the Entrants | Vasilisk Gnedov
Soviet Texts | Dmitri Alexandrovich Prigov
Life in Space | Galina Rymbu